Felix Maria Arnet

30 Minuten

Gescheit scheitern

W0011182

Die Deutsche Nationalbibliothek verzeichnet diese Publikation in der Deutschen Nationalbibliografie; detaillierte bibliografische Daten sind im Internet über http://dnb.d-nb.de abrufbar.

Umschlaggestaltung: die imprimatur, Hainburg
Umschlagkonzept: Martin Zech Design, Bremen
Autorenfoto: Simon Stobbe, Eschborn
Lektorat: Eva Gößwein, Berlin
Satz: Zerosoft, Timisoara (Rumänien)
Druck und Verarbeitung: Salzland Druck, Staßfurt

© 2017 GABAL Verlag GmbH, Offenbach

Hinweis:
Das Buch ist sorgfältig erarbeitet worden. Dennoch erfolgen alle Angaben ohne Gewähr. Weder Autor noch Verlag können für eventuelle Nachteile oder Schäden, die aus den im Buch gemachten Hinweisen resultieren, eine Haftung übernehmen.

Printed in Germany

ISBN 978-3-86936-766-8

In 30 Minuten wissen Sie mehr!

Dieses Buch ist so konzipiert, dass Sie in kurzer Zeit prägnante und fundierte Informationen aufnehmen können. Mithilfe eines Leitsystems werden Sie durch das Buch geführt. Es erlaubt Ihnen, innerhalb Ihres persönlichen Zeitkontingents (von 10 bis 30 Minuten) das Wesentliche zu erfassen.

Kurze Lesezeit

In 30 Minuten können Sie das ganze Buch lesen. Wenn Sie weniger Zeit haben, lesen Sie gezielt nur die Stellen, die für Sie wichtige Informationen beinhalten.

- Alle wichtigen Informationen sind blau gedruckt.

- Schlüsselfragen mit Seitenverweisen zu Beginn eines jeden Kapitels erlauben eine schnelle Orientierung: Sie blättern direkt auf die Seite, die Ihre Wissenslücke schließt.

- *Zahlreiche Zusammenfassungen innerhalb der Kapitel erlauben das schnelle Querlesen.*

- Ein Fast Reader am Ende des Buches fasst alle wichtigen Aspekte zusammen.

- Ein Register erleichtert das Nachschlagen.

Inhalt

Vorwort

Scheitern passiert – täglich, stündlich, jedem. Es ist ein Alltagsphänomen und gehört zum Leben wie Atmen, Essen und Schlafen. Durch die Erfahrung des Scheiterns und indem wir daraus lernen, werden wir vom Säugling zum Baby, zum Kleinkind, zum Schulkind, zum Halbstarken und schließlich zum Erwachsenen.

Wer von uns das Glück hat, in einem kreativen und innovativen Beruf zu arbeiten, kennt und schätzt das Prinzip von Trial and Error, von Versuch und Irrtum, als Methode des Erkenntnisgewinns und Fortschritts.

In Wissenschaft, Kunst und Literatur begeistern uns die ergreifendsten Werke, die „Beautiful Losers" darstellen oder von solchen „schön Gescheiterten" geschaffen wurden: Diogenes und Jesus Christus, Galileo Galilei und Vincent van Gogh, Jeanne d'Arc und Madame Butterfly, Karen Blixen und Marilyn Monroe ... die Reihe lässt sich endlos fortsetzen. Dennoch ist Scheitern das „große Tabu der Moderne", wie der Soziologe Richard Sennett feststellt (Sennett, Der flexible Mensch, Berlin 1998, S. 159). Wohlgemerkt: nicht das letzte, sondern das große Tabu der Moderne. Scheitern als Schande ist ein eher neues Phänomen. So wird Scheitern wahrgenommen in einer Welt, in der Wachstum normal, Erfolg Pflicht und Glück nicht Zufall ist, sondern Ausdruck eines Lebensgefühls. The only way is up! Es geht nur vorwärts, schneller, höher, weiter!

Zudem ist im Zeichen der persönlichen Selbstverwirklichung ein ganzes Spektrum an Rollen entstanden, in denen jeder von uns brillieren möchte: Wir wollen nicht nur im Beruf erfolgreich, sondern auch gute Eltern sein. Wir wollen für unsere Freunde sein wie ein Fels in der Brandung. Wir wollen gut lieben, aber auch gut zuhören können. Wir wollen sportliche Erfolge einheimsen, möglichst in einer coolen Disziplin, wir wollen stylish aussehen, die angesagten Bücher, Filme, Songs kennen ... Die komplexe Welt, in der wir uns selbst zu verwirklichen suchen, hält für uns bei dieser um ein Vielfaches multiplizierten Suche nach Erfolg und Glück Tausende Fallstricke bereit. Die Ironie: So sehr Scheitern ein Tabu der Moderne ist, so sehr ist es doch auch ein Phänomen der Moderne.

Dieses Buch ist eine Hilfestellung für alle, die ihre Scheu vor Misserfolgen und Niederlagen überwinden wollen, um zu lernen, schön zu scheitern. Oder vielmehr: gescheit zu scheitern – denn natürlich ist es nicht schön, zu scheitern. Aber unvermeidlich und lehrreich.

Das Rezept für eine gesunde Haltung gegenüber unserer Fehlbarkeit und Verletzlichkeit liefert dieses Buch. Lesen Sie es achtsam, selbst wenn Sie – wie es dieses Format anbietet – querlesen oder in Etappen.

Viele inspirierende Erkenntnisse wünscht Ihnen

Felix Maria Arnet

30 MINUTEN

1. Zitronen!

„Wenn das Leben dir Zitronen gibt, mach Limonade daraus." Eigentlich gibt es genug kluge Sprichwörter, die den Umgang mit Niederlagen, Misserfolgen und dem Scheitern an sich lehren. Man müsste sie nur mal ernst nehmen, um ihre Weisheit zu erkennen. Tun wir das und nehmen wir dieses Sprichwort einmal minutiös auseinander: Wenn das Leben dir Zitronen gibt ...
Zitronen sind etwas Normales, Alltägliches. So wie das Scheitern. Es kommt vor.
Zitronen sind nicht gerade rar, kostbar oder begehrt. So ist es auch mit dem Scheitern. Keiner ist wirklich scharf darauf.
Zitronen sind sauer, nicht besonders nahrhaft und noch dazu haben sie lästige Kerne. Aber sie enthalten viele Vitamine. So auch das Scheitern.
Was steckt noch in dem Sprichwort? Mach etwas daraus, und zwar etwas Gutes, im Falle der Zitronen Limonade. Wichtig dabei: Mach! Sei aktiv, reagiere, bleib Herr der Lage.

1.1 Scheitern gehört zum Leben

Im Grunde lernen wir schon von klein auf, mit dem Scheitern umzugehen. Genauer gesagt: Wir müssen es gar nicht lernen, es ist uns gegeben. Wir kommen ins Leben und können so gut wie nichts. Alles, was wir uns aneignen, erarbeiten wir uns durch bewusstes Scheitern. Das funktioniert so:

Wir probieren etwas aus. In der Regel klappt es nicht gleich beim ersten Mal. Also versuchen wir es erneut. Klappt wieder nicht. Mist! Egal. Ich will es schaffen! Also auf, noch einmal! Dieses Mal ein bisschen anders. Ha, geht doch schon besser! Aber noch nicht ganz. Kurze Pause. Ich weiß, ich kann es schaffen. Und los!

Trial and Error

Einige von uns genießen den Vorzug, diese Praxis ihr ganzes Leben lang üben zu dürfen. Trial and Error, Versuch und Irrtum, ist eine erprobte und selbstverständlich etablierte Methode in allen Bereichen, in denen kreativ, also schöpferisch gearbeitet wird: Wissenschaft, Forschung, Produktentwicklung. Die sogenannte heuristische Methode bezieht das Scheitern ausdrücklich mit ein.

Viele der großen, bahnbrechenden Erfindungen waren tatsächlich anfänglich Fehler, Misserfolge. Von Penicillin über die Röntgenstrahlung bis zum Post-it – sie alle sind zufällige Entdeckungen, ungewollte Nebenprodukte von Versuchen, die eigentlich etwas anderes zum

Ziel hatten, aber daran gescheitert sind, um dann doch etwas zu finden, oft sogar etwas viel Großartigeres. Der Wissenschaftler spricht da von Serendipität.

Ähnliches gilt übrigens für die Welt des Sports. In keiner anderen Sphäre gilt so konsequent wie dort: Es kann nur einen geben, einen Sieger, einen Champion, einen Weltmeister. Alle anderen sind gescheitert. Wie wäre Sport auf Wettkampfniveau denkbar, wenn die Verlierer nicht wieder zum Training anträten, um das nächste Mal auf dem Siegerpodest zu stehen? Mehr noch: Wir feiern gerade die Außenseiter, wenn sie siegen, drücken gerade den Underdogs leidenschaftlich die Daumen und freuen uns über faire Verlierer.

Das Tabu Scheitern

Ist es nicht erstaunlich, dass das Scheitern trotzdem tabuisiert ist? Ist es nicht geradezu dumm?

Wenn Thomas Alva Edison sich das zu Herzen genommen hätte, hätten wir keine Glühlampe. Wenn Henry Ford sich von den entmutigenden Einschätzungen seiner Vorgesetzten bei – ausgerechnet! – der Edison Company über seine Arbeit hätte beeinflussen lassen ...

Wenn Pablo Picasso von der beißenden Kritik seiner Zeitgenossen beeindruckt gewesen wäre ...

Oder Elvis Presley davon, dass er nach seinem ersten Auftritt sofort gefeuert wurde ...

Oder Steven Spielberg davon, dass er von der Filmhochschule flog ...

Wenn Joanne K. Rowling aufgegeben hätte, nachdem

ihr Manuskript „Harry Potter" zwölfmal abgelehnt worden war...

Die am meisten bewunderten Menschen der Zeitgeschichte, die Idole unserer Gesellschaft, haben uns ausnahmslos eines voraus: ein gerüttelt Maß an Erfahrung mit dem Scheitern. Und das Wissen, dass und wie man daraus Stärken entwickelt.

Scheitern gehört zum Leben. Wenn wir lernen, forschen, kreativ sind oder Höchstleistungen anstreben, hat Scheitern Methode und ist Treiber von Erkenntnisprozessen und Fortschritten. Dennoch ist es in unserer Gesellschaft ein Tabuthema.

1.2 Die Krise der Leistungsgesellschaft

Apropos Gesellschaft, hier liegt der Hase im Pfeffer. Etwa bis ins Teenageralter können wir ohne Schamgefühle scheitern. Warum ist es dann damit vorbei? Mit dem Eintritt ins Schulalter und den ersten Entscheidungen über Leistungen und Eignungen durch Zeugnisse und Empfehlungen für weiterführende Schulen lernen wir eine neue Qualität des Scheiterns kennen: seine klassifizierende Wirkung. Plötzlich ist Scheitern kein hilfreicher Impuls bei der Eroberung unserer Welt mehr. Es separiert und diskriminiert. Oder vielmehr: Es führt dazu, dass man uns separiert und diskriminiert.

Scheitern hat jetzt Konsequenzen, oft irreversible. Dadurch verändert sich unser Verhältnis zu Misserfolgen. Wir fürchten sie und schämen uns dafür. Mit der Scham kommt der Neid auf diejenigen, die nicht oder weniger scheitern, die Schadenfreude gegenüber noch größeren „Losern" und vor allem unsere Unfähigkeit, mit unserem Scheitern unverstellt umzugehen. Wir verlernen es, aus dem Scheitern zu lernen.

Tragik der Leistungsgesellschaft

Das ist die Tragik der Leistungsgesellschaft. Selbstverständlich: Leistung an sich ist nichts Schlechtes, sie motiviert, ist schöpferisch, inspirierend und integrierend. Aber sie ist eben auch messbar, vergleichbar und damit kompetitiv. Wo Leistung ist, ist auch Minderleistung oder keine Leistung. Indem wir nur der Leistung einen Wert zumessen, verlieren wir unsere Fähigkeit, mit Misserfolg umzugehen und Krisen zu meistern.

Dies ist nicht etwa des Menschen Natur, sondern ein kulturell bedingtes Phänomen. „Dem Siegeszug des Kapitalismus haben wir die Gewinner- und Verlierermentalität zu verdanken", stellt der Sozialpsychologe Professor Heiner Keupp fest (Michaela Schießl, Verzeih dir selbst, SPIEGEL JOB 1/2013). Das gemeinschaftliche Handeln, das früher das Überleben gesichert hat, ist einem Wettbewerbsverhalten gewichen, in dem das Individuum kontinuierlich und bisweilen zwanghaft Selbstoptimierung betreibt. Diese Denkweise wird kaum hinterfragt und sogar medial bestätigt. So vermitteln populäre Fernsehformate wie Castingshows: Wer versagt, wird aussortiert.

Wie verklemmt das Verhältnis zum Scheitern gerade in Deutschland ist, zeigt auch die auffallende Abwesenheit von geflügelten Worten, die dem Scheitern etwas Positives abgewinnen. Während zum Beispiel das Englische die Wendung „to fail forward", „vorwärts scheitern", kennt, gibt es im Deutschen nichts Vergleichbares, allenfalls „Wer nicht wagt, der nicht gewinnt". Aber was ist mit dem, der wagt und nicht gewinnt?

Deutschland als Paradebeispiel

Deutschland ist tatsächlich ein Paradebeispiel für eine kulturell bedingte Intoleranz gegenüber Fehlleistungen. Eine Studie der Leuphana Universität Lüneburg unter der Leitung von Prof. Michael Frese (Veröffentlichung noch ausstehend) sieht Deutschland im Vergleich mit 61 anderen Ländern auf dem vorletzten Platz in Sachen Fehlertoleranz. Scheitern ist ein Skandal in unserer leistungsorientierten Gesellschaft. Weder in Unternehmen noch privat wird offen über Misslungenes gesprochen. Diese Verleugnung des Scheiterns schlägt gnadenlos zurück, nimmt sogar oft pathologische Züge an: Burn-out, Depressionen oder gar Alkoholismus.

In unserer leistungsbetonten Gesellschaft gibt es für Lebensläufe nur eine Form: die Erfolgsgeschichte. Das ist ebenso lebensfremd wie menschenfeindlich, denn Niederlagen gehören zum Dasein dazu. Wer sein Scheitern annimmt, ist kein Loser, sondern schlicht lebenstüchtig.

Mit dem Eintritt ins Schulalter lernen wir den separierenden und diskriminierenden Charakter des Scheiterns kennen. Wir verlernen, aus dem Scheitern zu lernen, und suchen, es unbedingt zu vermeiden. Die Intoleranz gegenüber Fehlern kann auf Dauer sogar pathologische Formen annehmen.

1.3 Vom Nutzen des Scheiterns

Das beste Argument für den Charme des Scheiterns ist der Fatalismus des Erfolgs. Wie fühlen wir uns im Moment des Erfolgs? Richtig: glücklich! Sicher, wir waren fleißig und motiviert, haben gute Entscheidungen getroffen oder wenigstens klug geraten. Aber vor allem haben wir eines gehabt: Glück! Das Dumme daran: Wir können nicht genau sagen, warum wir Erfolg hatten. Erfolg ist schlecht analysierbar. Das ist einer der Gründe, warum es selten gelingt, auf Dauer erfolgreich zu sein. Erfolg scheint tatsächlich schicksalhafter als Misserfolg.

Scheitern hat Gründe
Unser Scheitern hingegen können wir analysieren. Wir können mit ziemlicher Gewissheit nachvollziehen, wo wir Fehler gemacht und falsche Entscheidungen getroffen haben, uns Gefahren ausgesetzt haben oder zu träge waren. Voraussetzung dafür ist allerdings, dass wir analysieren!

In der Regel ist dies ein schmerzhafter Prozess. Doch nicht bei allen wird das so furchtbar sein wie bei Reinhold Messner, der ein unbedingter Verfechter der Schönheit des Scheiterns ist. Er hält daran fest, dass er ohne seine katastrophalen Niederlagen am Berg, die viele Mitstreiter, auch seinen Bruder, das Leben gekostet haben, niemals seine Erfolge hätte erleben dürfen. Der Nutzen des Scheiterns ist, dass wir lernen, wie man die Dinge besser macht, idealerweise sogar, wie man sie richtig macht.

Der Nutzen des Scheiterns ist zudem, dass wir leben lernen. Wir entdecken unsere Grenzen. Manchmal gelingt es uns sogar, sie zu überwinden oder zumindest ein wenig zu arrondieren. Wir entwickeln mentale und emotionale Widerstandsfähigkeit. Landläufig spricht man von der Stehaufmännchen-Qualität. Fachleute sprechen von Resilienz.

Das Stehaufmännchen-Prinzip

Das Stehaufmännchen gibt seinem Scheitern einen Sinn. Ein Versagen macht noch keinen Versager, ganz im Gegenteil. Ein Stehaufmännchen akzeptiert nicht nur, dass Niederlagen im Leben unvermeidlich sind, sondern erkennt sie als lebenswichtige Erfahrungen, die auf Dauer in ein realistisches und gesundes Selbstbild münden. Scheitern ist, wenn man richtig damit umzugehen weiß, keine existenzielle Bedrohung, sondern ein Quell für Lebenstüchtigkeit und persönliches Wachstum. Persönliches Wachstum ist das Ergebnis von Erfolg und Scheitern, von Lust und Frust, von Freude und Schmerz gleichermaßen.

Scheitern erfordert sehr viel mehr Geistesgegenwart, Entscheidungsfähigkeit und Präzision als Erfolg. Vor allem aber erfordert es unbedingte Ehrlichkeit sich selbst und anderen gegenüber. Wer sein Scheitern meistert, wächst über sich hinaus. Wer es nicht meistert, hat immerhin noch etwas über sich gelernt. Wer hingegen gar nicht erst versucht, sein Scheitern zu meistern, kommt darin um.

Natürlich wird man durch gescheites Scheitern nicht die Welt verändern. Aber auch in einer kompetitiven und fehlerintoleranten Gesellschaft kann individuelle Fehlertoleranz existieren und uns voranbringen.

Kinder sind noch in der Lage, ganz ohne Schamgefühle zu scheitern. Genau diese Lernprozesse treiben ihre Entwicklung voran. In der Schule lernen sie jedoch den separierenden und diskriminierenden Charakter des Scheiterns kennen.

Die Leistungsgesellschaft ist intolerant gegenüber Fehlern. Das verursacht Druck und wir verpassen die Chance, aus dem Scheitern zu lernen. Denn Erfolg ist schlicht Glückssache. Scheitern hingegen kann man analysieren und Schlüsse für die Zukunft daraus ziehen. Die Stehaufmännchen-Mentalität gibt dem Scheitern einen Sinn, denn sie erkennt in Niederlagen eine Quelle für Lebenstüchtigkeit und persönliches Wachstum.

30

30 MINUTEN

2. Beautiful Losers

Die Namen einiger Beautiful Losers sind auf den ersten Seiten bereits gefallen: Diogenes, Jesus Christus, Galileo Galilei, Vincent van Gogh, Jeanne d'Arc, Madame Butterfly, Karen Blixen, Marilyn Monroe, Thomas Alva Edison, Henry Ford, Pablo Picasso, Elvis Presley, Steven Spielberg, Joanne K. Rowling und Reinhold Messner.

Was diese Personen verbindet, ist nicht, dass sie „beautiful", also schön, sind. Im Falle der Beautiful Losers bedeutet „schön" nicht Schönheit, sondern Würde, Güte und Haltung.

2.1 Die gescheit Gescheiterten

In diesem Abschnitt schauen wir uns einige Beautiful Losers genauer an, deren Geschichten, so unterschiedlich sie auch sein mögen, alle exemplarisch für die Schönheit des Scheiterns stehen können.

Edison

Wie in meinen Vorträgen zum Thema Scheitern unter dem Titel „Wie ein Koffer ohne Griff" möchte ich auch hier mit Thomas Alva Edison beginnen. 1854 brannte das erste „Glühlicht" – in der Werkstatt des Uhrmachers Heinrich Goebel. Der wusste zwar, was er da für ein tolles Ding vor sich hatte, aber leider konnte er niemandem dessen Nutzen plausibel machen, da es damals noch keinerlei Stromnetz gab. Die Idee geriet in Vergessenheit. War gescheitert. Bis 1879. Doch auch dann waren erst unzählige gescheiterte Versuche mit über 2000 Materialien für den Glühdraht nötig, bis schließlich ein verkohlter Baumwollfaden über 40 Stunden brannte – im Labor eines gewissen Thomas Alva Edison. Der gilt heute als der Vater der Glühlampe, weil er ein wenig geschäftstüchtiger war als Goebel und zur Glühlampe auch gleich das Stromnetz aufbaute sowie die industrielle Herstellung entwickelte. Auf sein Konto gehen auch andere wesentliche Erfindungen wie die des Phonographen, des Stromzählers – aber auch des elektrischen Stuhls.

Trotz allem konnte er seine genialen Erfolge als Erfinder nicht zu einem dauerhaften unternehmerischen Erfolg ausbauen. Er musste sich der Konkurrenz des Wechselstroms seiner Mitbewerber Westinghouse und Tesla beugen, seine Unternehmen mit deren in General Electric zusammenfassen, und er verdiente nach Auslaufen seiner Patente an seinen bahnbrechenden Erfindungen kaum einen Penny mehr. Die Weltwirtschaftskrise verzehrte schließlich das Vermögen des allerdings schon greisen Edison, der bei seinem Tod wohl nicht wusste, dass er als armer Mann starb. Gescheitert!

Picasso

Der Inbegriff des Malergenies galt lange als gescheiterte Existenz. In der später gerühmten „Blauen Phase" war er so arm, dass er viele seiner Gemälde wieder verfeuerte, um seine Behausung ausreichend beheizen zu können. Zeitgenossen, selbst Beflissene wie der Kunsthändler Ambroise Vollard, hielten seine Malerei für „das Werk eines Verrückten". Kollegen wie Georges Braque drückten es bildlich aus: „In dieser Art zu malen ist so schlimm, als tränke man Benzin in der Hoffnung, Feuer zu spucken." Zu dessen Ehrenrettung: Er änderte bald seine Meinung und begründete zusammen mit Picasso den Kubismus.

In der Welt der Kunst finden wir überhaupt eine Menge Beautiful Losers. Das liegt wohl daran, dass hier – ebenso wie in der Wissenschaft (siehe Edison) – Scheitern nicht als Fehler, sondern als Methode zu Erkenntnisgewinn und Fortschritt begriffen wird. Jeder Künstler wird wohl das Credo des irischen Schriftstellers und Nobelpreisträgers Samuel Beckett unterschreiben: „Wieder versuchen. Wieder scheitern. Besser scheitern." Egal ob Cézanne oder Picasso, Beethoven oder Caruso, sie alle hatten „Karrieren", die alles andere als ein Zuckerschlecken waren.

Caruso

Caruso? Ja, denn der spätere Startenor wurde von seinem Lehrer eher widerwillig angenommen: Seine Stimme sei „wie der Wind, der an den Jalousien rüttelt". Singen hat Enrico Caruso dann doch bei diesem Lehrer gelernt, aber leider wenig mehr. Bei seinen ersten Auftritten wurde er ausgebuht, da er ein jämmerlicher Darsteller auf der Bühne war. Entsprechend war der „König der Tenöre" zunächst ein singender Hungerleider.

Dass er den Sänger-Olymp dennoch erklimmen konnte, erklärte er so: „Was macht einen guten Sänger aus? Ein großer Brustkorb und ein ebenso großes Maul, 90 Prozent Gedächtnis, 10 Prozent Intelligenz, viel, viel harte Arbeit und ein Funke im Herzen."

Das Scheitern als Muse
Neben der Kunst weiß auch die Wissenschaft um die Muse namens Scheitern. Trial and Error, Versuch und Irrtum, sind quasi der linke und der rechte Fuß des Forschungsprozesses.

> Versuch, Irrtum, neuer Versuch, wieder Irrtum, verbesserter Versuch, neuerlicher Irrtum ... Das heißt, auch der Fehler trägt zum Fortschritt bei. Thomas Alva Edison stellte nach einem x-ten Fehlversuch stoisch fest: „Prima. Jetzt kennen wir schon 8000 Wege, wie es nicht geht."

Levchin und Musk

Ist Ihnen das alles zu sehr Old Economy? Gut, das Scheitern hat seine Schönheit auch in der harten Sonne des Silicon Valley nicht eingebüßt. Max Levchin hat vier Unternehmen im wahrsten Sinne des Wortes in den Sand gesetzt, bevor er mit PayPal seinen ersten Erfolg hatte, der dann aber auch gleich weltumspannend war. Sein Geschäftspartner bei dem Zahlungsdienst, Elon Musk, hat sich danach auf Elektroantriebe und die Raumfahrt spezialisiert. Mit brennenden Autobatterien und explodierenden Raketen erlebte er buchstäblich krachende Niederlagen. Aber er kam nach jeder dieser Blamagen mit umso besseren Ideen zurück und verdiente sich daher bei Investoren einen Ruf wie Donnerhall.

Rowling

Apropos Donnerhall, in den Geschichten um den Zauberlehrling Harry Potter gelang der heutigen Multimilliardärin Joanne K. Rowling die Schilderung der Katastrophen vermutlich deshalb besonders trefflich, weil sie weiß, wie es ist, als alleinerziehende Mutter von Sozialhilfe zu leben und von einem Verlag nach dem anderen abgelehnt zu werden … und das in London, einer der teuersten Städte der Welt.

Gardot und Kruger

Melody Gardot stand am Anfang einer vielversprechenden Modelkarriere, als sie auf dem Fahrrad von einem Taxi erfasst wurde. Noch heute kann die Schöne nur am Stock gehen. Aber die Unmöglichkeit einer Karriere als laufende Schönheit brachte sie auf ihre noch größere Karriere als singende Schönheit. Sie gilt heute als die einflussreichste Jazzsängerin des Planeten, und das in einem Alter von gerade einmal dreißig Jahren.
Ähnliches hat die deutschstämmige Schauspielerin Diane Kruger erlebt. Ebenfalls wegen gebrochener Knochen fand ihre Laufbahn als Ballerina ein jähes Ende. Heute ist sie eine der wenigen wirklich erfolgreichen deutschen Mimen in Hollywood.

Messner

Wenn so viele Menschen dem Scheitern letztlich ihren Erfolg verdanken, warum behandeln wir es dann so stiefmütterlich? Wie kleinmütig das ist, lernt man in der Begegnung mit Menschen, die Außerordentliches und Bahnbrechendes leisten. Zum Beispiel Reinhold Messner. Gefragt nach dem Geheimnis seines Erfolges, antwortet er ganz freimütig:

„Ich lerne durch das Scheitern mehr als durch meine Erfolge. Wenn ich Erfolg hatte, weiß ich in der Regel anschließend nicht, warum ich Erfolg hatte. Es spielt dann

auch keine Rolle mehr. Was bleibt, ist nur ein Erfolgsgefühl; ein Lernprozess ist nicht gegeben. Wenn ich aber gescheitert bin, weiß ich, dass ich etwas falsch gemacht haben muss. Ich überdenke dann meine Expedition, um den Knackpunkt herauszufinden: [...] Ich kann dann beim zweiten Versuch neu ansetzen und den Fehler korrigieren – was nicht bedeutet, dass die Expedition dann erfolgreich verlaufen wird. Vielleicht scheitere ich erneut. Dann muss ich wieder Fehler herausfinden und diese korrigieren. Und so – sukzessive meine gescheiterten Expeditionen prüfend und hinterfragend sowie die Logistik korrigierend – kann ich am Ende erfolgreich sein." (Messner, Manager Seminare 122, S. 30)

Und das ist wirklich keine Koketterie! In Messners Metier, dem Extrembergsteigen, kann jeder Misserfolg eine Katastrophe bedeuten. In der lebensfeindlichen Welt der Hochgebirge, wo der Mensch eigentlich nichts verloren hat, gibt es keinen Vollkaskoschutz und keine Einlagensicherung. Dennoch oder gerade deshalb ist das Lernen aus Misserfolgen so bedeutsam. Darum gehören die Misserfolge zur Bewältigung des Projektes unbedingt dazu. Messner geht noch weiter:

„Heute – im Rückblick – sind mir die gescheiterten Expeditionen eigentlich lieber als die erfolgreichen. Sie schaffen die Grundlage für weitere, viel größere Erfolge. Wäre ich nie gescheitert, wäre ich nicht mehr am Leben." (ebd.)

Beweise für die Schönheit des Scheiterns gibt es in Hülle und Fülle, und zwar ausgerechnet in der

Welt derer, die wir für unfehlbar halten: Berühmte Wissenschaftler, geniale Künstler und Superstars sind durch die Bank Beautiful Losers – und machen auch kaum den Versuch, dies zu verbergen!

2.2 Ein Phänomen der Moderne

Auch wenn die im vorherigen Abschnitt vorgestellten Beautiful Losers sicherlich mit ihren Misserfolgen und Niederlagen gerungen und gelegentlich gehadert haben, so ist es doch fraglich, ob sie alle ihr Geschick als Scheitern empfanden, ob sie gar dieses Wort dafür benutzt hätten.

Ursprung des Wortes

Woher kommt es, das Wort „scheitern"? Seinen Ursprung hat es im mittelhochdeutschen Wort für Holzscheit, „scit". Verwandt sind Begriffe wie „scheiden" oder „Scheitel", die eine Trennung oder Teilung andeuten, oft auch eine gewaltsame. Scheite (urspr. auch „Scheiter") entstehen durch Spaltung des Holzes mit einer Axt. „Zu Scheitern gehen" heißt also „in Stücke gehen". So wurde das Wort dann auch in der nautischen Sprache gebraucht: Seeleute und Reeder sprechen vom Scheitern eines Schiffes, wenn es etwa auf einen Felsen oder eine Sandbank aufläuft, sodass die Planken bersten. „Schiffbruch erleiden" ist daher auch das gebräuchlichste Synonym für das Scheitern. Allein durch die Wortherkunft erklärt sich aber noch nicht die existenzielle Endgültigkeit des Scheiterns. Auch ein gestrandetes Schiff kann man immerhin wieder freibekommen, auch ein leckgeschlagenes reparieren.

Das Rad der Fortuna

Den katastrophalen Beiklang erhielt das Scheitern im Übergang von einem zyklischen zu einem linearen Verständnis der Zeitläufte. Im Mittelalter wurde die Zeit oder das Leben an sich als ein Rad vor- und dargestellt, das „Rad der Fortuna" (Tarr, S. 32ff.). Aufstieg und Abstieg, Glück und Scheitern waren daher wiederkehrende und sich abwechselnde Phasen in einem immerwährenden Wandel. Und nicht nur das – Glück und Scheitern waren damit nicht das Resultat individuellen Erfolgs oder Versagens, sondern der natürliche Lauf des Schicksals. Scheitern war nicht das Ergebnis von Unzulänglichkeit oder Fehlern, sondern schlicht eine selbstverständliche Bedingung des Lebens, die dem Zugriff des Individuums entzogen war.

Vom Schicksal zum Geschick

Diese Auffassung vom beständigen Wandel in einer kreisenden Bewegung zwischen Auf und Ab, Oben und Unten, Glück und Scheitern ist heute der Vorstellung von einer linearen und ausschließlich aufwärtsstrebenden Entwicklungsrichtung gewichen. Wenn dieser stetige Aufstieg nicht gelingt, ist das zutiefst verstörend und muss einen Grund haben. Und dieser Grund wird da gesucht, wo im Selbstverständnis der Moderne die Quelle alles Wollens und Werdens, Strebens und Könnens liegt: im Menschen selbst, im Individuum. Glück und Scheitern sind nicht mehr Schicksal, sondern Geschick, Ergebnis unserer Talente und Taten. Damit ist die Schuld in der Welt.

Schuld

Einmal gescheitert, immer gescheitert – so lässt sich die Auffassung vom Scheitern in der Moderne zusammenfassen. Ihm haftet etwas Endgültiges an. Entsprechend meiden wir das Thema wie der Teufel das Weihwasser. Niemand spricht gelassen vom eigenen Scheitern.

Anderen räumen wir maximal gnädig und mit gewisser Herablassung eine „zweite Chance" ein, auf die „jeder ein Recht" habe. Aber warum denn eigentlich nur eine zusätzliche Chance? Und warum ist das eine Frage des Rechts? Zudem darf die zweite Chance, die man ergreift, nicht mit allzu hochfliegenden Erwartungen verbunden sein. Bescheidenheit ziemt sich. Nach einem Misserfolg gilt es, erst mal kleinere Brötchen zu backen. Als gefallener Millionär sollte man möglichst nicht mehr werden wollen als Tellerwäscher.

Wir reagieren auf das Scheitern anderer mit niedersten Emotionen: mit Häme und Schadenfreude, mit Berührungsängsten, Lästereien und übler Nachrede, obwohl wir oft selbst nur vom Hörensagen vom Scheitern einer Person wissen. Den Gescheiterten erwartet nichts weniger als ein Scherbengericht. Denn Scheitern wird als

Fehlverhalten eingestuft. Zumindest legt das die Vokabel von der „Wohlverhaltensphase" nahe, die zum Beispiel das Insolvenzrecht kennt. Das klingt ähnlich erquicklich wie „Hausarrest" oder „Bewährungsstrafe".

Unser Hochmut gegenüber Gescheiterten schlägt gnadenlos auf uns zurück: Scheitern wir selbst, empfinden wir Schuld, Scham und Demütigung. Wir versuchen uns und unsere Niederlage zu verstecken. Wir hoffen auf das Vergessen, das eigene und das der anderen. Wir suchen nach dem Schuldigen, erst woanders, aber dann bei uns. Wir reden die Lage schön und finden doch keinen Frieden. Mehr noch: Unser an sich schon verkorkstes Verhältnis zum Scheitern nimmt umso deutlicher pathologische Züge an, je häufiger wir es mit Niederlagen zu tun haben, mit eigenen oder denen von anderen. Denn kurioserweise ist das Scheitern, das uns so verhasst ist und das wir zu meiden suchen, an der Tagesordnung. Es ist allgegenwärtig, nicht auszurotten, nicht zu verbieten. Scheitern passiert!

Etymologisch kommt das Wort „scheitern" von „Scheiter", also einem Holzstück. Wenn z. B. ein Schiff havariert, geht es zu Scheiter, es zerbricht in Stücke. Das ist schlimm, aber eben Schicksal. Erst der Übergang vom zirkulären zum linearen Weltbild in der Neuzeit gibt dem Scheitern den Ruch des persönlichen Versagens, der individuellen Schuld. Scheitern wird verächtlich.

2.3 Unser ständiger Begleiter

Scheitern ist so sicher wie das Amen in der Kirche. Ob Schulabbrüche oder Privatinsolvenzen, ob platzende Immobilienblasen, die traditionsreiche Banken stürzen lassen, oder stolze Staaten, die über ihren aufgehübschten Leistungsbilanzen bankrottgehen, immer wieder ist Scheitern ein Thema, jedoch eines wie Politik, Krankheit und Sex: Darüber spricht man nicht. Zu peinlich. Zu demütigend. Zu deprimierend.

Noch immer ist Scheitern das „große Tabu der Moderne", wie Richard Sennett in seinem Buch „Der flexible Mensch" festgestellt hat, auch wenn es inzwischen eine ganze Reihe von Phänomenen gibt, die dem eigentlich widersprechen. Da sind zum einen die Koketterien mit dem Gescheitertsein, die heute die Grabbeltische der Buchläden füllen oder zu wenigen Cent secondhand bei Amazon angeboten werden, und da sind zum anderen die unerschütterlichen Verfechter der Erfolgsstrategien, die das Scheitern zur bloßen Vorstufe des Erfolgs erklären.

Beide eint, dass sie das Scheitern als etwas schildern, dass man überwinden oder verarbeiten kann und soll. Sie alle irren. Scheitern kann man nicht hinter sich bringen, ablegen und wegschließen. Man sollte es auch gar nicht versuchen. Denn im Scheitern lernen wir.

Denken Sie mal an Ihre Kindheit zurück. Könnten Sie heute laufen, wenn Sie nach dem ersten Sturz auf die Nase von diesem frustrierenden Unterfangen abgelassen hätten? Wäre ein Fahrrad nicht ein Werk des Teufels für Sie, wenn Sie sich die erste üble Begegnung mit dem Bordstein zu Herzen genommen hätten?

Scheitern ist lebenswichtig für uns: Wir lernen dabei so viel, vor allem so viel mehr als bei unseren Erfolgen. Wir lernen mehr über uns selbst, wir lernen mehr über die Menschen um uns herum, wir lernen mehr über den Gegenstand unserer Niederlage – egal ob bei einem beruflichen Projekt oder einer sportlichen Herausforderung, einer beendeten Freundschaft oder einer verloren gegangenen Liebe. Scheitern lehrt uns leben.

Die Angst vor dem Scheitern

Wovon sprechen wir, wenn wir vom Scheitern sprechen? Viele Publikationen sind beim Gebrauch des Wortes sehr großzügig. Da ist schon ein angebranntes Spiegelei oder eine geplatzte Einkaufstüte ein Scheitern. Das geht meiner Ansicht nach zu weit. Das sind nur Missgeschicke, manche davon sogar bloß unglückliche Zufälle. Mehr nicht. Hingegen „Scheitern verändert die innere Landschaft", wie es eine gewissenhaftere Autorin des Genres beschreibt (Tarr, Das Donald Duck Prinzip, S. 47). „Scheitern bringt die Seele in Not und schmerzt mitunter lebenslang" (ebd., S. 18), denn es ist ein Lebensentwurf zerbrochen, eine Brücke abgerissen, ein Kartenhaus eingestürzt oder eine Hoffnung zerplatzt. Pleiten und Pannen, Misserfolge und Niederlagen können das Erreichen eines Zieles erschweren, Scheitern aber macht es unmöglich.

Damit erklärt sich, warum Bücher über das Scheitern Käufer finden und Vorträge zu diesem Thema Zuhörer anziehen: Als selbstbestimmte, zuversichtliche und nach persönlicher Verwirklichung strebende Individuen haben wir ein Problem damit, wenn sich eine Tür endgültig für uns schließt. Wir sind es gewohnt, alle Optionen zu haben. Verschließt sich uns ein Weg, fühlen wir einen Verlust, der all die anderen noch gangbaren Wege vergessen macht. Das nimmt in dem Maße zu, wie wir älter werden. Einen Zwanzigjährigen irritiert ein Studienabbruch naturgemäß weniger als einen Vierzigjährigen eine Kündigung. Das ist eine Frage der Zeit, der Lebenszeit. Bei jedem Scheitern steht die Frage im Raum: Wie viel Zeit bleibt mir noch, um mein ideales Leben zu leben? Oder deutlicher: Die Angst vor dem Scheitern ist letztlich die Angst vor dem Tod. Konstantin Wecker drückt das so aus:

„Ab einem gewissen Punkt scheitert jeder am Leben, ob man nun ein reiches Leben hatte oder ein armes, ob man glücklich war oder schmerzbeladen, ob man erfüllt war oder frustriert, oberflächlich oder tiefschürfend – wir sind sozusagen von Geburt an zum Scheitern verurteilt. Denn das Leben ist von Anfang an auf den Tod hin ausgerichtet. Er ist seine Erfüllung." (Wecker, Die Kunst des Scheiterns, S. 49)

Dass es möglich ist, „schön", also mit Würde zu scheitern und daraus zu lernen, belegen zahlreiche prominente Beispiele aus Kunst und Wissenschaft. Zu den gescheit Gescheiterten zählen etwa Thomas Alva Edison, Pablo Picasso oder Joanne K. Rowling.

Das Wort „Scheitern" kommt vom „Holzscheit" und dem damit verbundenen „in Stücke gehen" einer Sache. Seinen endgültigen Charakter bekam das Scheitern jedoch erst in der Moderne. Von nun an galt nicht mehr schicksalhaftes Unglück, sondern individuelle Schuld als Ursache des Scheiterns.

Daher fürchten wir das Scheitern – und dennoch ist es so sicher wie das Amen in der Kirche. Im Gegensatz zu bloßen Missgeschicken schließt sich im Scheitern unabänderlich eine Tür. Eine Chance ist vorbei, das ideale Leben zu leben, von dem man geträumt hat. Je älter wir werden, umso schmerzhafter spüren wir diesen Verlust an Optionen. Letztlich ist die Angst vor dem Scheitern nichts anderes als die Angst vor dem Tod.

30 MINUTEN

3. Wenn unsere Welt zerbricht

Wenn unsere Welt zerbricht ... So wird oft ein Scheitern umschrieben. Tatsächlich zerbricht in den meisten Fällen nicht wirklich etwas, Unfälle oder Naturereignisse ausgenommen. Wie so oft, wenn wir ein sprachliches Bild benutzen, eine Metapher, so tun wir das, um ein Gefühl auszudrücken.

Scheitern ist in seiner katastrophalen Form eben vor allem das: ein Gefühl. Damit ist allerdings nicht gesagt, dass es deshalb weniger schlimm sei, im Gegenteil. Die Hölle des Scheiterns, die liegt zuallererst in uns selbst.

3.1 Was verändert das Scheitern?

Wenn wir scheitern, wenn unsere Welt zerbricht, dann hat das dramatische Auswirkungen auf uns und unser Leben, und zwar auf vielen verschiedenen Ebenen.

Emotional

Im Scheitern werden wir extrem emotional. Selbst die Nüchternsten unter uns werden gefühlig, selbst die Rationalsten abergläubisch, selbst die Coolsten dünnhäutig. Scheitern ist ein Kontrollverlust. Auf diese Form des Ausgeliefertseins sind wir in unserer relativ sicheren, kalkulierbaren und weitestgehend vorausgeplanten Existenz nicht gefasst. Wir erleben uns in der Krise als nur eingeschränkt handlungsfähig und sind überwältigt von einem Gefühl absoluter Hilflosigkeit. Es ist etwas Unvorstellbares passiert, etwas, womit wir nie gerechnet haben, zumindest nicht damit, dass es uns passiert, anderen vielleicht schon. Wir stehen buchstäblich unter Schock.

Wir haben vergessen, dass das Leben eine lebensgefährliche Angelegenheit ist, und damit nichts für Feiglinge. Wer sich als erwachsenes, verantwortungsvolles und selbstbestimmtes Individuum versteht, reagiert in der Situation, da ihm das Heft aus der Hand fällt (oder genommen wird), fast ausschließlich mit Gefühlen, Herz über Kopf sozusagen. Und der Bauch über beidem. Wut, Angst, Eifersucht, Neid, Scham, Verzweiflung, das gesamte Spektrum unserer dunklen Emotionalität. Diese Emotionen sind es, die tatsächlich unsere Krise ausmachen, nicht die krisenhafte Zuspitzung unserer Realität. Nicht Ereignisse oder Probleme machen uns fertig, sondern unsere emotionale Reaktion darauf.

Die wenigsten von uns haben gelernt, mit solchen Emotionen umzugehen, wohl aber, sie zu ignorieren oder zu unterdrücken. Entsprechend greifen wir in Krisen einerseits zu einem Trick, den Experten „hedonistische Verzerrung" nennen: Wir negieren diese Gefühle, drängen sie zurück in einer pervertierten Form von Stressbewältigung. Wir geben anderen die Schuld für Fehler, werden aggressiv, hochmütig, verbohrt. Wir arbeiten umso mehr oder verwenden mehr Zeit auf Arbeit, um genau zu sein. Morgens als Erster ins Büro, abends als Letzter raus. Unsere Arbeit nehmen wir auch mit nach Hause, lesen noch vor dem Lichtausmachen Berichte, sprechen nur noch und dauernd von unserem Beruf. Andererseits unterdrücken wir die unangenehme Emotionalität durch alle Arten von Betäubungsmitteln, Uppers wie Downers, Alkohol, Schafmittel, Psychopharmaka. Übrigens ist das kein Entweder-oder. In den meisten Fällen existieren beide Phänomene nebeneinander und beherrschen unser Denken und Handeln.

Es ist schon kurios: Während, wie zuvor dargestellt, die größten Erfindungen auf Scheitern fußen und die schönsten Werke in Kunst und Kultur den Charme des Scheiterns zum Thema haben, leiden wir so sehr daran, wenn es uns selbst betrifft.

Wie steht es um unsere Risikokompetenz?
Unsere dunkle Emotionalität lässt uns nicht nur besonders an der Krise leiden, sie ist auch ein Hindernis für das, was wir in dieser Situation zur Schadensbegrenzung am nötigsten brauchen: Risikokompetenz, das heißt die Fähigkeit, zwischen tatsächlichen und scheinbaren Gefahren zu unterscheiden. Diese Fähigkeit geht uns ausgerechnet in der Krise völlig ab. Es ist inzwischen wissenschaftlich belegt, dass wir in schwierigen Situationen eher emotionsgeleitet sind als vom (rationalen) Großhirn gesteuert.

Sozial

Die wohl wesentlichste äußerliche Veränderung, die wir im Scheitern spüren, ist Einsamkeit. Scheitern ist wie eine leere Stadt: Keiner mehr da. Nicht faktisch, natürlich sind all die anderen Menschen in unserem Leben nicht schlagartig weg. Aber doch sind wir allein. Scheitern macht einsam, weil es quasi unteilbar ist. Hart wie ein Diamant. Monolithisch. Ein kolossaler Solitär. Als Gescheiterte können wir so sicher sein wie nie, dass keiner mit uns tauschen will.

Scheitern ist zudem auch nicht mitteilbar, nicht vermittelbar. Unser Scheitern ist so individuell wie unsere DNA. Selbst beim besten Willen kann es niemandem gelingen, sich in unsere Situation zu versetzen, in unseren Schuhen zu gehen. Scheitern gehört zu den großen existenziellen Erfahrungen wie Geburt, Tod, Schmerz, Liebe. Nicht in Worte zu fassen. Ein Mysterium. Unnahbar.

Scheitern ist somit ein Problem für unsere Gesellschaft. Für unsere Umwelt sind wir als Gescheiterte eine Zumutung. Machen Sie mal die Probe aufs Exempel. Man kann wohl kaum leichter für konsternierte Blicke und Missbehagen sorgen, als indem man auf die Frage „Wie geht es?" antwortet: „Schlecht." Probieren Sie es mal aus. Es könnte Ihnen sogar passieren, dass man Ihre Antwort zunächst gar nicht wahrnimmt, so sehr sind wir durch unsere gesellschaftlichen Usancen darauf getrimmt, ein „Danke, gut" zu erwidern bzw. zu hören. Wenn Sie Glück haben, oder was man dafür halten könnte, hört Ihr Gegenüber zwar Ihre Antwort, wird sie aber mit einer Mischung aus Bestürzung und Unbehagen aufnehmen. Wohlgemerkt, die Bestürzung hat in diesem Fall weniger mit Ihrer unglücklichen Lage zu tun als mit der Unhöflichkeit, diese bloße Floskel für mehr zu halten, als sie ist, eine pure Umgangsform, nicht aber eine ernst gemeinte Frage. Erfolgreich, glücklich, zufrieden, fit und gut gelaunt zu sein, ist Pflicht, Bürgerpflicht. Wer das nicht ist, hat etwas falsch gemacht. Nicht seine Pflicht getan. Ist nicht leistungsfähig oder, noch schlimmer, nicht leistungsbereit. Unglück ist kein Unfall oder Zufall. In einer Welt, in der man davon ausgeht, dass das Leben glücklich verläuft, ist Unglück ein Systemfehler, möglicherweise gar eine Charakterschwäche. Geteiltes Leid ist halbes Leid, heißt es zwar. Mag sein, dass das manchmal stimmt. Aber das gilt nicht für persönliches Scheitern, sondern nur für alles, was höhere Gewalt ist, Schicksal eben, Katastrophen, Unfälle, schlechtes Wetter usw.

Der Erfolg hat viele Väter, der Misserfolg nur einen.
So lautet ein weiteres Sprichwort und eines, das zum Kern der Sache führt. Denn daran ist zweierlei richtig: Zum einen die Feststellung, dass man mit dem Misserfolg allein ist. Zum anderen, dass man auch eine gewisse Schuld am Scheitern trägt.

Scheitern impliziert ein subjektives Zutun. Die Ehe ist in die Brüche gegangen? Ja, schlimme Sache, dass die Ex mit einem anderen Mann durchgebrannt ist. Aber dann: Schließlich war man ja auch mehr im Büro als zu Hause, oder? Oft wochenlang auf Auslandsreise? Und außerdem zehn Kilo schwerer als zu Beginn der Ehe?

Das Renommierprojekt der Firma ist zu einem Debakel geworden? Ja, schlimm, dass die Berechnungen zur Statik fehlerhaft waren. Aber dann: War man eventuell zu ehrgeizig, weil man unbedingt den großen Auftrag erhaschen wollte? Hat man sein Team überfordert? Hat man die Einwände der Mitarbeiter zur Seite gewischt, weil man in der Rivalität mit dem Nebenbuhler um die Abteilungsleitung die Nase vorn haben wollte?

Der subjektive Beitrag zur Misere wird gefunden werden, so viel ist sicher. Subjektiv ist aber auch die Enttäuschung der anderen. Man selbst ist für sie zur Enttäuschung geworden. Für die unmittelbar Betroffenen, aber auch für die Umwelt. „Was tue ich ihnen nur an? Eine Schande!", denken wir dann. Das ist einer der Gründe, warum der engste Kreis, Familie, Freunde und Kollegen, nicht besonders gut geeignet ist, um uns in unserem Scheitern beizustehen. Diese Menschen sind schlicht selbst betroffen. Sie leiden mit, unsere nächsten Familienangehörigen oder engsten Mitarbeiter unmittelbar und unser Freundeskreis mittelbar ebenso wie unsere Angestellten und deren Familien, wie Zulieferer und Geschäftspartner. Sie leiden mit, aber jeder hat sein eigenes Päckchen an unserem Scheitern zu tragen. Sie sind quasi Mitscheiternde. Daher gilt hier nicht, geteiltes Leid ist halbes Leid. Das Leid potenziert sich vielmehr.

Scham

Sind wir gescheitert, fühlen wir daher vor allem Scham. Nicht Peinlichkeit, nicht Demütigung, sondern tief empfundene Scham, und zwar nicht nur für einen Moment und nicht nur im Angesicht anderer Menschen. Die Scham wird zum Dauerzustand. Sie weckt uns nachts aus unseren unruhigen Träumen. Sie lässt uns nicht wieder einschlafen. Sie schaut uns morgens aus dem Spiegel entgegen. Sie macht uns einsilbig und linkisch im Umgang mit anderen. Sie lässt uns sogar jede Gesellschaft meiden.

Scheitern hat viele Dimensionen: eine soziale Dimension, eine emotionale Dimension, manchmal auch eine physische Dimension, oft eine finanzielle Dimension. Vor allem aber hat Scheitern eine moralische Dimension. Scheitern ist kein bloßes Misslingen. Ein angebranntes Spiegelei oder eine aufgeplatzte Einkaufstüte sind ärgerliche Missgeschicke, aber kein Scheitern. Scheitern gibt uns ein Gefühl des Versagens. Deshalb empfinden wir Scham dabei. Reflexhaft wird bei jedem

Scheitern angenommen, dass es dafür Gründe geben muss. So denken sowohl der Gescheiterte wie auch seine Umgebung. Zunächst sucht zwar besonders der Gescheiterte selbst objektive Gründe, aber dann sucht auch er rasch den Fehler bei sich selbst. Wir können gar nicht anders. So sind wir von klein auf konditioniert.

Gut beschrieben ist dies in einem Essay der SPIEGEL-Wissen-Ausgabe „Richtig scheitern":

„Das Scheitern ist nicht einfach Misslingen, sondern Misslingen mit Scham. Es setzt ein Gefühl des Versagens voraus. Daran ist in unserer Kultur kein Mangel, damit geht das soziale Leben los: mit der Enttäuschung im Gesicht unserer Eltern, wenn wir ... den guten Gemüsebrei verweigern und das Schwesterchen kneifen. Nicht, wenn wir fallen, obwohl wir gehen wollen – das lernt sich von selbst, ohne Tränen der Wut und ohne Zaghaftigkeit beim nächsten Versuch. Erst wenn wir in der Miene des Anderen lesen, dass wir es anders hätten machen müssen, setzt das Gefühl des Versagens ein – ein Modus der Abrichtung, und zwar ein besonders grausamer, weil er die Qual nach innen verlegt: Hättest du das schön und richtig gemacht, dann müsste Mami jetzt nicht traurig sein." (Elke Schmitter, Ausweitung der Kampfzone, SPIEGEL Wissen 1/2015, S. 18)

Von Selbstverwirklichung zu Selbstverachtung

Die Angst vor dem Scheitern ist keine Angst vor Blut und Tränen, sondern vor der Verachtung der anderen – und letztlich auch vor Selbstverachtung. Damit ist sie, wie Professor Heinz Bude ebenfalls in der o. g. SPIEGEL-Wissen-Ausgabe feststellt, ein spezielles Problem der Generation der heute 30- bis 40-Jährigen. „Die große Kampagne für ‚Selbstverwirklichung' hat zum Ideal erhoben, dass ‚das Leben auf allen Ebenen erfüllt sein' soll". (Heinz Bude, Das Leben soll auf allen Ebenen erfüllt sein, SPIEGEL Wissen 1/2015, S. 36) Es reicht nicht der berufliche Erfolg, nein, man muss auch ein super Elternteil sein, eine Bilderbuchehe führen, sportlich aktiv und körperlich fit, hip gekleidet, über den letzten Lifestyle-Schrei auf dem Laufenden und, und, und ... sein. All das ist prima, aber es bietet eben auch jede Menge Gelegenheiten, zu scheitern.

Ich sagte zuvor bereits, dass die Scham beim Scheitern dadurch entsteht, dass man Gründe sucht und diese vor allem bei sich findet – oder zu finden glaubt. Heinz Bude weist in diesem Zusammenhang auf etwas Interessantes hin:

„Da hat eine gesellschaftliche Wende stattgefunden: weg von den Grenzen dessen, was man darf, hin zu dem, was man kann. In den Schulen werden Kinder nicht mehr über einen Kamm geschert, sondern sollen nach ihren Talenten und Präferenzen gefördert werden. Man soll sein Können in möglichst viele Richtungen mobilisieren, um in den Vollbesitz seiner Möglichkeiten zu gelangen. Daraus ergibt sich aber auch: Wenn man scheitert, dann nicht an den Grenzen, die einem gesetzt werden, sondern an sich selbst." (ebd., S. 37)

Die wachsende Komplexität unseres Lebens stellt uns

überall Fettnäpfchen auf, an jeder Ecke lauert ein Fehler auf seine Chance, und es scheint, als käme unsere vollkaskobewährte und jawboneüberwachte Existenz mit immer mehr Sollbruchstellen daher. Entsprechend ist die Reaktion auf das unvermeidliche Scheitern auch eine eher stille. Da die totale Selbstverwirklichung nicht glückt, rückt die totale Selbstverachtung ein.

Scheitern verändert uns in zweierlei Hinsicht: Es macht uns emotional und einsam. Die Emotionalität rührt vor allem vom Gefühl des Kontrollverlustes her, etwas, das wir in unserem modernen Dasein kaum noch kennen. Die Einsamkeit kommt von der Zumutung, die wir für unsere Umwelt sind, die nur Erfolgsstorys hören und an unserem Scheitern nicht mitleiden will. Sie kommt zudem von unserem Gefühl der Scham.

3.2 Drei Phasen des Scheiterns

Das Phänomen des Scheiterns lässt sich auch anhand seines typischen Ablaufs beschreiben. Denn auch wenn es sich endgültig anfühlt, ist Scheitern doch ein Prozess, der verschiedene Phasen umfasst.

Ablehnung

Die erste Phase kennzeichnet Ablehnung. Die Krise wird einfach nicht als Krise anerkannt. Es zieht uns unbedingt zur Normalität, die wir verloren haben, zurück. Alltagsverhalten, business as usual, die kleinsten Gewohnheitsdinge oder Pflichten, die man sonst lästig fand, werden jetzt enorm wichtig und erfordern unsere ganze Aufmerksamkeit. Schließlich sind sie eine erstklassige Ablenkung. Wir suggerieren unserer Umwelt, dass alles gut, alles beim Alten ist. Die unguten Gefühle, die hin und wieder dabei aufsteigen, betäuben wir mit Alkohol und/oder mit Medikamenten, Uppers wie Downers, zum Schlafen und zum Wachwerden. Denn die ständige Schauspielerei kostet enorme Kraft. Je länger die Phase der Ablehnung dauert, desto mehr werden wir reizbar, unwirsch und ungerecht gegenüber anderen, desto öfter verprellen wir Menschen in unserem Umfeld durch Arroganz und Unzugänglichkeit.

Verzweiflung

Dann knallt es. Die zweite Phase ist dominiert von Verzweiflung und Depression. Der Kontrollverlust wird offensichtlich. Hilflosigkeits- und Ohnmachtsgefühle haben uns fest im Griff. Wir kriechen zu Kreuze bei den Menschen, die wir zuvor getäuscht oder gar belogen haben. Wir suchen Trost in Erinnerungen an bessere Zeiten und der Rückkehr an Orte, wo wir glücklich waren. Wir meiden die Konfrontation mit Menschen, die Zeugen und eventuell lachende Dritte im Angesicht unseres Scheiterns sind. Alles passiert uns nur noch, das heißt, die Geschichte nimmt ihren Lauf, ohne dass wir noch Einfluss darauf nehmen, geschweige denn nehmen wollen. Wir funktionieren nur noch, und wenn wir unbeobachtet sind, lassen wir uns gehen.

Akzeptanz

In der dritten Phase stellt sich sozusagen die Gretchenfrage: Akzeptieren wir unser Scheitern oder gehen wir daran zugrunde? Allerdings ist der Übergang in diese Phase kein plötzlicher so wie der zwischen Phase 1 und 2, wenn es schlicht die Katastrophe ist, die dem Scheiternden den Takt vorgibt. In Phase 3 stellt sich allmählich ein Modus Operandi ein, der zumindest für eine gewisse Zeit, eine Übergangszeit, erträglich ist. Dieses neue Leben mag in jeder Hinsicht kleiner und bescheidener sein als das vor der Krise, aber es ist doch auch die Rückkehr zur Kontrolle. Das ist der wesentliche Aspekt, der über Wohl und Wehe entscheidet. Wer es vermag, sich Stück für Stück die Kontrolle zurückzuerobern und sich dessen auch bewusst zu sein, wird die Krise überstehen können.

Dabei möchte ich eines unterstreichen: Landläufig sagt man, in Krisensituationen müsse man kämpfen, sich durchkämpfen oder herauskämpfen. Das ist ein fatales Missverständnis. Der Kampf gegen die Situation verhindert Erkenntnis, verschwendet die ohnehin schon stark beanspruchten Kräfte weiter und führt immer weiter in die Depression. Wer kämpft, schläft schlecht, isst schlecht, trinkt zu viel Alkohol, findet keine Entspannung, empfindet für nichts mehr Dankbarkeit oder

Freude, sieht nichts Schönes mehr im Leben, erkennt keine Hilfe und kann sie entsprechend nicht annehmen, kann nicht zwischen Freund und Feind unterscheiden. *Kampf ist Krampf. Kampf ist Emotion pur. Wer die Situation hingegen radikal akzeptiert, gewinnt seine Rationalität zurück.* Der Kopf ist wieder da, wo er hingehört: über dem Herz und sowieso über dem Bauch. Es werden Kräfte frei, es entsteht Raum für gute Ideen, wie es weitergehen kann, man hat wieder erste, wenn auch oft kleine Erfolgserlebnisse. Das Heft liegt wieder in unserer Hand, wir steuern wieder selbst das Flugzeug unseres Lebens. Es mögen weniger Mitreisende in der Kabine sitzen, aber die haben sich immerhin vertrauensvoll dafür entschieden, wieder mit diesem Bruchpiloten zu fliegen.

Die drei Phasen des Scheiterns sind Ablehnung, Verzweiflung und Akzeptanz. Sie werden nicht immer so idealtypisch aufeinanderfolgen, oft gibt es ein Hin und Her, ein Vor und Zurück, besonders zwischen Phase 2 und 3, aber im Grundsatz sind diese drei Stadien zu unterscheiden.

3.3 Das richtige Notfallprogramm

Natürlich ist jedes Scheitern individuell verschieden. Dennoch bietet sich für jeden Fall folgendes Notfallprogramm an. Es besteht aus fünf einfachen Sätzen:

1. Machen Sie einen Punkt!

Es erleichtert schon enorm, sich einer Sache bewusst zu werden: Jede Krise hat auch ein Ende. Dass das stimmt, merkt man, wenn man Ballast abwirft, zum Beispiel indem man das große Auto, dessen Leasingraten drücken, durch ein einfacheres ersetzt, die teure Sportausrüstung verkauft oder in eine kleinere Wohnung zieht. Schon atmet man leichter. Man tut aktiv etwas zur Entspannung der Situation – und es tut auch gar nicht so sehr weh!

Verabschieden Sie sich von aller Grübelei. Fragen wie „Wie konnte das passieren?", „Was habe ich falsch gemacht?" oder „Wer hat mir das angetan und warum?" gehören ad acta gelegt. Was geschehen ist, ist geschehen. Es ist in der Welt, es ist eine Tatsache. Sie können es nicht mehr ändern. Sagen Sie es laut und allen, die es hören wollen: „Ich bin gescheitert!" „Pleite!", „Geschieden!", „Betrogen!" Welche Form auch immer Ihr Scheitern hat, akzeptieren Sie es und richten Sie Ihren Blick nach vorn, nur nach vorn!

2. Suchen Sie sich einen Copiloten!

Sie müssen einen unbestechlichen Partner rekrutieren, der Ihnen dabei hilft, Ihre Stärken zu definieren und einen Entwurf für die Zukunft zu entwickeln. Jemanden, der sich traut, sich mit Ihnen ins Cockpit zu setzen und Ihnen trotz Ihres Scheiterns das Steuer weiterhin zu überlassen. Jemanden ohne Angst, aber auch ohne Illusionen. Jemanden, der nicht von Ihrem individuellen Scheitern betroffen ist, aber weiß, dass Scheitern eben passiert, und deswegen nicht in Panik gerät. Das kann ein Freund oder Partner sein, ein Coach, ein Therapeut, wer auch immer. Die wichtigste Kompetenz dieses Copiloten ist, dass er oder sie sich von Ihnen kein X für ein U vormachen lässt.

3. Denken Sie positiv!

Das ist wohl ein ziemlich abgedroschener Rat, aber dennoch ist er wahr – wenn man ihn richtig versteht! Es geht nicht darum, mit Scheuklappen durch die Welt zu laufen oder gar durch eine rosarote Brille zu schauen. Vielmehr gilt es, negative Gedanken zu meiden. In der Krise brauchen Sie all Ihre Kraft. Negatives raubt Ihnen diese. Sie brauchen jetzt viel mehr Antrieb als in Ihren besten Erfolgszeiten.

Üben Sie sich in Gedankenhygiene. Die grübelnde Rückschau ist genauso abträglich wie angstvolle Blicke in eine ungewisse Zukunft. Wenn Sie immer über den negativen Ausgang nachdenken, tun Sie unbewusst alles dafür, dass es tatsächlich so übel kommt, wie Sie es vorhersehen. Die klassische Self-fulfilling Prophecy.

> **Tipp!**
> Schreiben Sie Ihre drei wichtigsten Talente oder Stärken auf, in Schönschrift und auf feinstem Papier, und bewahren Sie sie an einem Ort auf, wo Sie sie sooft wie möglich im Tagesverlauf sehen. So gibt Ihr Unterbewusstsein Ihnen einen positiven Schub.

4. Steigen Sie in den Helikopter!

Dass gerade erst vom „Copiloten" die Rede war, kommt nicht von ungefähr. Sie müssen nämlich tatsächlich ab in die Höhe. In der Krise brauchen Sie einen Überblick, so schmerzlich und entmutigend dieser sein mag. Verschaffen Sie sich, vorzugsweise gemeinsam mit Ihrem Copiloten, einen Blick von oben, ganz abgehoben, auf Ihre Situation, auf die Szenerie Ihres Scheiterns. Folgende Fragen sind zu klären:

- Wo stehe ich?
- Wohin könnte meine Reise von hier aus gehen (nicht in den Höllenschlund natürlich)?
- Welche Ziele sind realistisch?
- Welche Wege muss ich dafür hinter mich bringen?
- Was sind die Etappenziele?

Erstellen Sie einen einfachen, überschaubaren Plan für die nächsten Schritte. Und gehen Sie sie an! Sofort!

5. Belohnen Sie sich!

Jeder kleine Fortschritt sollte gefeiert werden. So kommt das positive Denken ganz von allein. Führen Sie sich einmal Folgendes vor Augen: In der Krise vollbringen Sie ständig erheblich größere Leistungen als in Ihren großartigen, erfolgreichen, glanzvollen Tagen. Das klingt komisch, aber es ist so. Also feiern Sie, wenn es etwas zu feiern gibt. Gönnen Sie sich etwas Schönes und genießen Sie es ohne schlechtes Gewissen. Sie mögen gescheitert sein, aber das liegt hinter Ihnen.

Qualität geht hier unbedingt vor Quantität. Es muss kein Luxus sein, sondern ein Erlebnis, das Sie und Ihre Aufmerksamkeit so vollkommen fordert, dass Sie keinen Gedanken mehr an Ihr Scheitern verschwenden können. Wenn Sie z. B. schön essen gehen wollen, dann nicht in Ihr teures Lieblingsrestaurant aus alten Zeiten. Da werden Sie nur an Ihr vergangenes Leben erinnert, eventuell sogar von anderen Leuten erkannt, mit der Folge, dass Sie Sprüche zu hören bekommen wie: „Na, es scheint uns ja schon wieder ganz gut zu gehen!" Probieren Sie lieber einen Geheimtipp aus.

Zum Scheitern gehören in der Regel drei Phasen: Ablehnung, Verzweiflung und Akzeptanz. In dieser Zeit erleben wir starke, belastende Emotionen, zugleich isoliert uns das Scheitern sozial, macht uns einsam.

30

Dennoch ist es möglich, eine solche Krise durchzustehen. Ein hilfreiches Notfallprogramm umfasst fünf Punkte:

1. Setzen Sie einen Punkt hinter das Geschehene!

2. Suchen Sie sich einen Copiloten!

3. Denken Sie positiv!

4. Üben Sie den Helikopterblick!

5. Belohnen Sie sich!

30 MINUTEN

Warum müssen Sie aktiv bleiben?

Wie hilft Ihnen radikale Akzeptanz?

Wie hilft Ihnen ein Copilot beim Helikopterblick?

4. Wenn nichts mehr geht

Die Fähigkeit, in Situationen, in denen nichts mehr geht, seelisch zu überleben, wird unter Fachleuten Resilienz genannt. Die Literatur dazu füllt ganze Bibliotheken, unter anderem aufgrund des Streits, ob Resilienz uns in die Wiege gelegt wird oder ob wir sie erlernen können. In einer 30-Minuten-Lektüre sei diese Diskussion ausgespart, ein paar zusätzliche Erläuterungen zum Thema Resilienz finden Sie jedoch im Kasten in Abschnitt 4.1. Ich bin überzeugt, Resilienz hin oder her, dass ein kluges Programm an Grundsätzen für den Krisenfall unsere Chancen, ein Stehaufmännchen oder das weibliche Pendant dazu zu sein, erheblich erhöht. Gehen wir daher im Folgenden die Logik meines bereits beschriebenen Notfallprogramms mal im Einzelnen durch.

4.1 Der Schritt aus der Krise

Wie zuvor beschrieben, überschwemmt uns das Scheitern mit dunklen Gefühlen und versetzt uns in völlige Einsamkeit. Das lässt die meisten Menschen in der Krise in Passivität verfallen. Sie betäuben sich, sie bemitleiden sich und sie suchen nach Schuldigen, vorzugsweise weit ab von sich selbst. Sie sehen sich als Opfer und damit als Objekt des Geschehens. Das zeigt sich oft auch äußerlich: Wer sich schlecht fühlt, meint oft unterschwellig, man müsse das auch sehen. Tatsächlich erwartet unsere Umwelt das auch und kann angesichts eines munteren und fitten Gescheiterten gar nicht glauben, welcher Not sie da gegenübersteht.

Raus aus der Bademantel-Depression

Man lässt sich also gehen, achtet nicht auf sein Erscheinungsbild, wird dick, kleidet sich nachlässig. Als ich einmal eine schwere Krise hatte, kam ich sogar tagelang nicht aus dem Bademantel raus. Dabei ist das Gegenteil das Gebot der Stunde: Wir müssen uns als das Subjekt des Scheiterns begreifen. Um gescheit zu scheitern, müssen wir aktiv bleiben. Denn Scheitern passiert nicht einfach, es wird zugelassen. Viel zu oft wird es nicht bewusst durchlebt, nicht im Wortsinn „bearbeitet". In der Krise tendieren wir dazu, es einfach geschehen zu lassen, den Dingen ihren Lauf zu lassen – der Pleite, der Scheidung oder der Krankheit. Wir überlassen uns allem und jedem, Insolvenzverwaltern, Anwälten, Ärzten. Zu einem guten Teil ist das auch sinnvoll, immerhin haben diese Menschen auf den jeweiligen Gebieten Erfahrung und Spezialwissen. Aber: Wir dürfen uns beraten und assistieren, aber nicht führen und bestimmen lassen. Uns obliegt jede Entscheidung, jeder Schritt muss von uns selbst getan werden. Das hat mehrere Gründe: Zum einen geht es um die Wiederherstellung des Selbstwertgefühls. „Ich kann es noch", müssen Sie sich beweisen. „Ich bin immer noch Herr meiner selbst", müssen Sie spüren.

Menschen finden

Zum anderen und vor allem geht es um Ihr Gegenüber in der Krise. Es geht um die Behauptung Ihrer persönlichen Integrität, darum, dass Sie als lebenstüchtige und überlebensfähige Person wahrgenommen werden. Ein heulendes Elend vor sich zu haben, verunsichert jeden, egal ob Anwälte oder Angehörige. Schnell entsteht dann das Gefühl, nicht zu wissen, wie man helfen kann. Schnell wird daraus ein Fluchtverhalten. Sie brauchen aber Menschen, die zu Ihnen halten und die Ihnen eine Hilfe sind! Diese finden Sie nur, wenn man auch zu Ihnen halten *will*, wenn man Ihnen Hilfe anbieten *kann*. Artikulieren Sie also Ihr Hilfsbedürfnis, aber nicht pauschal und verzweifelt, sondern konkret und überlegt.

Was ist eigentlich Resilienz?
Resilienz ist keine allein menschliche Eigenschaft. Man spricht generell von der Resilienz eines Systems,

wenn es in der Lage ist, Störungen aufzunehmen und darauf so zu reagieren, dass zwar eine Veränderung eintritt, aber das System selbst dadurch nicht zerstört wird. Beispiele hierfür sind die Regeneration eines Waldes nach einer Feuersbrunst oder die Autokorrektur von PC-Betriebssystemen.

Einen wesentlichen Unterschied sehe ich allerdings in der Herstellbarkeit von Resilienz. In technischen Systemen oder auch in Ökosystemen kann man Resilienz, also hohe Fehlertoleranz oder nachhaltige Bewirtschaftung, durch Programmierung oder bestimmte Managementmethoden erreichen.

Bei uns Menschen hingegen ist die Manipulation von Resilienz schwieriger. Es gibt Ansätze, sie zu trainieren, ebenso aber auch Theorien, dass sie genetisch bedingt sei. Beidem stehe ich skeptisch gegenüber.

Was meiner Erfahrung nach funktioniert, ist durch bewusste, rationale Entscheidungen in Krisen die eigene Situation aktiv so zu beeinflussen, dass die individuelle Widerstandskraft greifen und maximal wirken kann.

 Auch und gerade in der Krise müssen Sie aktiv bleiben, Entscheidungen treffen, Schritte in die Wege leiten. Hilfe suchen ist richtig, aber es sollte mit Bedacht und zielgerichtet geschehen. Bleiben Sie das Subjekt des Geschehens – um Ihres Selbstwertgefühls willen, aber auch, um Ihrem Umfeld die Chance zu geben, wirkliche und richtige Hilfen anzubieten statt Mitleid und Placebos.

4.2 Radikale Akzeptanz

Bevor aber ein Hilfsbedürfnis artikuliert werden kann, muss zunächst etwas anderes passieren: Sie müssen ehrlich und endgültig akzeptieren, was geschehen ist.

Das Attribut „ehrlich" ist wichtig, weil wir im Scheitern etwas enorm Schmerzliches erfahren: Wir sind nicht großartig, unfehlbar und unwiderstehlich für alles Glück dieser Welt. Unser Grundvertrauen in das Gute in der Welt, in Gerechtigkeit und unsere eigene Größe wird ge- oder gar zerstört. Entsprechend neigen wir zu Beschönigungen und Beschwichtigungen.

Endgültig muss die Akzeptanz sein, weil uns in unserem Scheitern eine (oder gleich mehrere) Optionen unwiederbringlich verloren gehen. Wir müssen verstehen, dass es für manches im Leben keine zweite Chance gibt. Leider gilt das besonders für die elementaren Dinge: Liebe, Gesundheit, Lebensentwürfe, Träume. Deshalb geht es um eine radikale Akzeptanz. Sie greift bis an die Wurzeln unseres Selbstbewusstseins und legt die Axt an einige Äste unserer Selbstverwirklichung. Übrig bleibt, was noch möglich ist. Je weniger das ist, desto schwerer ist diese Akzeptanz.

Scheitern braucht ein Outing

Übrigens empfehle ich sehr, dies nicht nur mit sich selbst im Stillen auszumachen. Zu leicht ist es da, sich selbst zu beschwichtigen oder zu betrügen. Radikale Akzeptanz beweisen Sie, indem Sie es laut und in Gegenwart anderer sagen: „Ich bin gescheitert!" Konkret kann das bedeuten: „Ich bin pleite", „Ich bin arbeitslos", „Ich wurde verlassen" oder „Ich bin schwer krank". Ohne Beschönigungen, ohne Wenn und Aber.

Wenn Sie es nicht aussprechen können, schreiben Sie es wenigstens auf. Es muss hinaus in die Welt. Warum? Weil Sie aus der Einsamkeit des Scheiterns ausbrechen müssen. Sie müssen raus aus der leeren Stadt und die Leute suchen, die sie mal bevölkerten, oder andere finden. Sie müssen darüber sprechen, nicht zuletzt um auch mal wieder lachen zu können, entweder über sich selbst oder über andere, denen es ähnlich ergangen ist. Denn darauf können Sie sich verlassen: Es gibt viele Menschen, mit denen Sie Ihr Scheitern teilen können, die wissen, wovon Sie sprechen. Aber um diese Schicksalsgemeinschaft zu finden, müssen Sie zunächst einmal rauskommen. Ihr Scheitern braucht ein Outing.

Außerdem hilft der Prozess des Schreibens oder Sprechens bei der Rationalisierung des Geschehenen, seiner Analyse und Aufarbeitung. Sprachliche Kommunikation fußt auf logischem Verständnis. Damit Ihr Gegenüber verstehen kann, was Sie ihm sagen, müssen Sie selbst die Dinge in einen logischen Bezug zueinander setzen. Das hilft Ihnen bereits dabei, Ihre dunkle Emotionalität, die Sie seit Einbruch der Krise beherrscht, zurückzudrängen und positiven Emotionen eine Chance sowie rationalem Denken und Verhalten Raum zu geben. Also: Raus mit der Sprache!

Voraussetzung für den Schritt aus der Krise ist die radikale Akzeptanz des Geschehenen und seiner Folgen. Sie sollten sich buchstäblich outen.

30

4.3 Einen Copiloten finden

Es ist wichtig, auch in der Krise Entscheidungen selbst zu treffen und Schritte eigenständig in die Wege zu leiten. Nichts spricht allerdings gegen kompetente Beratung. In vielen Fällen stehen die Fachleute ohnehin schon von Berufs wegen bereit. Es führt kaum ein Weg vorbei an einem Insolvenzverwalter, wenn Ihr Unternehmen den Bach runtergeht, mit der Kündigung kommt meist auch das Angebot eines Arbeitsvermittlers oder Personalentwicklers, eine Scheidung geht oft nicht ohne Anwälte über die Bühne und bei körperlichen oder seelischen Erkrankungen suchen wir naturgemäß einen oder mehrere Ärzte auf.

Stellenbeschreibung für Ihren Copiloten
Noch mehr Hilfe braucht keiner, könnte man meinen. Doch! Suchen Sie sich einen empathischen, aber unbestechlichen Menschen, der nicht von Ihrem Scheitern betroffen ist, aber ähnliche Situationen kennt oder sogar selbst erlebt hat. Machen Sie ihn zu Ihrem Copiloten. Die Bezeichnung „Copilot" wurde mit Bedacht gewählt. Diese Person muss nämlich mit Ihnen ins Cockpit steigen. Das bedeutet, sie muss die gleichen Informationen wie

Sie über Ziel und Route des Fluges haben. Sie wiederum müssen alle Ihre Entscheidungen mit dem Copiloten besprechen und sich diese auch von ihm bestätigen lassen. Darüber hinaus steigt dieser Copilot mit Ihnen in das Vehikel und begibt sich damit in eine Schicksalsgemeinschaft mit Ihnen. Das setzt viel voraus, vor allem aber gegenseitiges Vertrauen und ein gerüttelt Maß an Verantwortungsbewusstsein auf beiden Seiten.

Wie und wo findet man so einen Copiloten? Das kann ein Coach sein oder ein Therapeut, ein neuer Lebenspartner, ein erfahrener älterer Kollege oder ein ehemaliger Geschäftspartner. Das kann ein Mentor oder Business Angel sein, der Sie begleitet. Das kann eine Seelenverwandtschaft sein, die sich zufällig ergibt, weil man nebeneinander im Zug sitzt. Das kann eine alte Freundschaft sein, die lange nicht gepflegt wurde und gerade deshalb jetzt hilfreich ist, weil diese Person nicht weiß, wie Sie vor und in Ihrem Scheitern waren, aber dafür sieht, wie Sie jetzt sind. In jedem Fall muss es jemand sein mit einer positiven, affirmativen Aura, der jedoch keine Versprechungen macht.

Wie es gefällt

Wie genau die Zusammenarbeit im Cockpit dann abläuft, ist Ihrem Geschmack überlassen. Ob es regelmäßige Routinen gibt, also fixe Termine für Gespräche, oder ob nach Bedarf abgestimmt wird, kann ganz nach Fall entschieden werden. Ob Sie Vereinbarungen schriftlich festhalten, ob Sie Manöverkritik oder Nachlese im Nachgang von Schritten durchführen, ist Ihrem persönlichen Gusto und Zeitbudget überlassen. Unerlässlich sind meiner Einschätzung nach allerdings zwei Punkte:

1. regelmäßig gemeinsam aufsteigen, um den „Helikopterblick" zu haben, und
2. gemeinsam eine Karte Ihres Scheiterns zeichnen.

Zum Copiloten eignet sich eine einfühlsame, aber unbestechliche Person, die von Ihrem Scheitern nicht betroffen war bzw. ist, aber ähnliche Situationen kennt oder selbst erlebt hat. Diese Rolle verlangt ein hohes Maß an Vertrauen und Verantwortungsbewusstsein.

4.4 Den Helikopterblick üben

Perspektivwechsel sind in jeder Situation eine gute Idee, umso mehr in Krisen. Um die Krise zu meistern, empfiehlt sich ein Blick aus der Höhe.

Helikopterblick vs. Vogelperspektive

Aber anders als bei der Frosch- oder Vogelperspektive, wo es im Wesentlichen darum geht, einen Blick aus untergeordneter oder übergeordneter Position zu riskieren, geht es hier darum, dass Sie eine Perspektive losgelöst von Ihrer aktuellen persönlichen Situation einnehmen, um auf die Landschaft zu blicken, über die Sie sich erheben: eine Landschaft aus Ihrer Vergangenheit und Gegenwart und damit auch die Landschaft Ihres Scheiterns. Eine Landschaft mit Ihrer Zukunft am Horizont. Den Helikopterblick zu üben bedeutet, für gewisse Zeit in Distanz zu sich selbst zu treten. Dadurch sieht man ganz Erstaunliches!

Erzählen in der dritten Person

Gewöhnen Sie sich für den Zeitraum, den Sie im Helikopter verbringen, etwas an, das viele Psychologen eigentlich für ein Zeichen einer unsicheren Persönlichkeit halten: das Sprechen über sich selbst in der dritten Person Singular. Erzählen Sie Ihrem Copiloten die Geschichte, die Sie mit ihm an diesen Ort geführt hat, als würden Sie über eine andere Person sprechen oder ihm einen Film oder einen Roman beschreiben. Tun Sie dies in einem möglichst sachlichen Tonfall und ohne große Spannungsbögen, dafür aber gerne mit allen Details, die Ihnen in den Sinn kommen. Erzählen Sie nicht, um zu unterhalten, sondern um zu informieren, um ein möglichst lückenloses Bild von der Landschaft Ihres Lebens wiederzugeben. Weder sollen Schamzonen weiße Flecken auf der Landkarte lassen noch Komfortzonen den Maßstab verzerren. Wenn Ihnen nichts mehr einfällt, füllen Sie die Leere nicht einfach mit irgendetwas, nur weil Ihnen das Schweigen peinlich ist. Warten Sie auf Ihren Copiloten. Er wird Ihnen die nächste Frage stellen. Üben Sie diesen Helikopterblick, sooft Sie und Ihr Copilot es können.

Vielfältige Erzählungen

Beschreiben Sie die Landschaft auch nicht nur streng von West nach Ost oder von Nord nach Süd, sprich: Erzählen Sie von den Ereignissen nicht nur in chronologischer Reihenfolge. Ihre Erzählung kann sich ruhig auch mal um bestimmte topografische Punkte drehen, z. B. um besonders schöne Erlebnisse, schlimme Erfahrungen, eindrucksvolle Begegnungen, gefährliche Situationen usw. All das hilft Ihnen und Ihrem Copiloten, die Landschaft, die Ihr Leben als Relief in die Oberfläche gegraben hat, genau wahrzunehmen. Das ist übrigens nicht l'art pour l'art, geschweige denn eine psychologische Methode. Es geht darum, zusammenzutragen, wer und was Einfluss auf Ihr Scheitern hatte und wo die Auswege aus der Krise liegen.

Setzen Sie sich mental in einen Helikopter und schauen Sie von oben auf Ihr Dasein hinab. Beschreiben Sie sachlich und so distanziert wie möglich, was Sie sehen. So werden Sie erkennen, was zu Ihrem Scheitern geführt hat und welche Wege in die Zukunft führen.

30

4.5 Die Scheiter-Map

Ebenso wie bei der radikalen Akzeptanz ist auch beim Helikopterblick die Kommunikation bzw. Dokumentation dessen, was man dabei erkennt bzw. „sieht", ein Katalysator für den Prozess. Zeichnen Sie entweder noch im Cockpit (das muss dann der Copilot übernehmen) oder nach der Landung eine Karte der Landschaft, die Sie aus der Helikopterperspektive gesehen haben. Auch hier gilt: Je mehr Karten und je vielfältiger, desto besser.

Viele Karten

Neben einer Karte der zeitlichen Abfolge, also Ihrer Lebensgeschichte, kann eine Karte der Beziehungsgeflechte liegen, auch eine der Liebesgeschichten, daneben eine der Faktoren, die bei Ihrem Scheitern eine Rolle gespielt haben, ergänzt von einer Karte Ihrer Lebensentwürfe, gefolgt von einer Ihrer Talente, komplettiert von einer Ihrer größten Ängste usw. Wenn all das vor Ihnen liegt, haben Sie die Grundlage für ein sehr, sehr wichtiges Dokument: Ihre Scheiter-Map.

Eine Scheiter-Karte

Komisches Wort? Stimmt. Dass ich die Karte des Scheiterns „Scheiter-Map" nenne, hat aber einen guten Grund: Es hat damit zu tun, dass es im kognitiven Training eine Methode gibt, die sich Mind-Mapping nennt, übersetzt: eine Karte der Gedanken oder des Gedächtnisses erstellen. Ähnlich gehen wir hier vor. Natürlich geht es in erster Linie darum, Fakten festzuhalten und Strukturen sichtbar zu machen. Aber Mapping kann noch mehr: Mittels der Erstellung dieser Karten setzen Sie mentale Prozesse in Gang, die dabei helfen, neue Einsichten zu gewinnen und Verbindungen herzustellen, und die Erklärungen für Ihr Scheitern und, was fast noch wichtiger ist, Hinweise für gute und gangbare Wege in die Zukunft geben können.

Ich schreibe hier bewusst „können", denn diese Methodik steht und fällt natürlich mit der Offenheit des Kartenerstellers und dem Scharfblick des Kartenlesers. Da beides eine individuelle Sache ist und über die Zeit in unterschiedlichem Maße vorhanden sein kann, empfiehlt es sich, diese Scheiter-Map immer mal wieder zu überprüfen. Hier dürfen Sie sich fühlen wie ein Entdecker der frühen Neuzeit, wie Columbus, Magellan oder Velazquez. Jeder Irrtum führt uns der Wahrheit näher.

Zunächst ist es in der Krise wichtig, nicht in eine Bademantel-Depression zu verfallen, sondern aktiv zu bleiben. Der nächste Schritt besteht in der radikalen Akzeptanz: „Ich bin gescheitert" – am besten sprechen Sie das vor Zeugen laut aus. Bei der Suche nach Wegen aus der Krise hilft ein Copilot. Gemeinsam mit ihm wagen Sie den Helikopterblick, das heißt, Sie betrachten bewusst aus der Distanz Ihre Situation.

Dem Mind-Mapping der Kognitionstechnik folgend, lassen sich mithilfe des Helikopterblicks viele Karten der Lebenslandschaft zeichnen, die zusammen eine Scheiter-Map ergeben. Gute Kartografen wissen: Regelmäßige Überprüfung dient der Genauigkeit.

30

30 MINUTEN

5. Persönliches Wachstum

Bei etwas Wachsendem geht man eigentlich davon aus, dass es größer wird. Beim persönlichen Wachstum, insbesondere wenn es durch die Erfahrung des Scheiterns geschieht, ist das jedoch nicht immer so. Tatsächlich ist es in der Regel eine Reduktion, aus der allerdings charakterliche Stärke und Selbstsicherheit erwächst. Dieses Wachstum ist kein Größerwerden, eher ein Erwachsenwerden.

Wir werden, wenn wir scheitern, um eine Option, unsere Lebensträume zu erfüllen, ärmer. Zugleich werden wir aber auch mit jedem Scheitern um eine Illusion erleichtert. Das ist ein wenig wie beim Schälen einer Zwiebel: Eine Schicht, die die Zwiebel zwar dicker machte, aber trocken, hart oder übel schmeckend war, wird abgeschält. Was übrig bleibt, ist saftiger und frischer, eben eine Zwiebel, wie sie sein soll.

Mit jedem Scheitern schält sich unser wahres Ich heraus. Mit jedem Scheitern lernen wir uns besser kennen. Wir gewinnen ein realistischeres und gesünderes Bild von uns selbst.

5.1 Ins Tun kommen

Es kann gut sein, dass es in der Krise niemanden mehr gibt, der an Sie glaubt. Niemand würde auch nur noch einen Pfifferling auf Sie setzen, geschweige denn die Hand für Sie ins Feuer legen.

Wer, wenn nicht Sie?

Umso wichtiger ist es, dass Sie das selbst tun. Akzeptieren Sie, wer Sie sind und wo Sie stehen. Machen Sie einen Punkt hinter das Geschehene. Es ist Vergangenheit. Hadern Sie nicht mehr damit. Suchen Sie nicht nach Schuldigen. Denken Sie nur an Positives – und das ständig.

Machen Sie Ihre Positionsbestimmung zum Ausgangspunkt. Wofür? Für einen kompletten Neustart. Denn so sehr es auch danach aussehen mag – Ihr Leben ist nicht vorbei. Wohl aber das Leben, das Sie bisher kannten. Sie stehen wieder auf Los, wenn auch ziemlich bleich und blank. Wichtig ist nun, nicht darauf zu warten, dass Ihnen jemand die Würfel reicht. „Du bist dran", das werden Sie als Gescheiterter von niemandem hören. Umso wichtiger ist, dass Sie es sich selbst sagen.

In der Krise verfallen fast alle Menschen in Passivität. Sie lassen alles mit sich machen. Sie warten darauf, dass das Schicksal seinen Gang geht. Jemand wird schon wissen, was zu tun ist in dieser Situation ... Das ist ein Trugschluss. Sie sind dran! Und wie!

Akzeptieren Sie, dass Sie allein sind, zumindest zunächst. Lassen Sie sich nicht vom Mitgefühl und den

Aufmunterungsversuchen wohlmeinender, lieber Menschen in Ihrem Umfeld täuschen: Keiner von denen wird Ihnen helfen können. Das liegt in der Natur der Sache. Freunde, Familie, Kollegen, Geschäftspartner – sie alle sind Partei. Sie sind von Ihrer Krise betroffen, sie leiden buchstäblich mit. Sie sind ebenso verunsichert und besorgt, ängstlich und abergläubisch wie Sie. „Wird schon nicht so schlimm kommen", „Kopf hoch", „Kommt Zeit, kommt Rat", alle diese Sätze werden Sie von ihnen hören, aber gemeint sind damit weniger Sie als die kleinlauten Egos ihrer Leidensgenossen. Akzeptieren Sie, dass Sie allein am Zug sind.

Ich weiß, dass dieser Appell im krassen Gegensatz zur gängigen Denkweise in unserer angeblich so solidarischen Gesellschaft mit ihren diversen sozialen Sicherungssystemen steht. Ich will die Idee der Solidarität auch nicht madig machen oder sie generell in Abrede stellen. Aber meine Erfahrung ist, dass durch die Tabuisierung des Scheiterns keine wirklich wirksame Hilfe gegeben ist, wenn es passiert. Die Sicherheit, in der wir uns wiegen, ist ein Placebo. Sie allein sind am Zug. Und zwar jetzt und gleich und immerzu!

Es gibt viel zu tun

Für Erfolge muss man hart arbeiten, stimmt, aber wenn sie ausbleiben, muss man sogar doppelt und dreimal so hart arbeiten. Aber Achtung! Mit Arbeit ist nicht Aktionismus gemeint, nicht durchwachte Nächte, um Hirngespinste hervorzubringen, nicht zinslose Darlehen ohne

Rückzahlungsfrist von Mami und Papi, endlose Telefonate mit Ex-Kollegen, Ex-Freunden, Ex-Was-auch-immer. Mit Arbeit ist penible Analyse, realistische Chancenabwägung, schnelle Entscheidung, präzise Planung und beherzte, zügige Umsetzung gemeint. Positives Denken in Reinform. Nicht „Alles geht!", aber „Da geht noch was!".

Handeln Sie, bevor es zu spät ist!
Damit Ihre mentale und emotionale Widerstandskraft nicht überfordert wird, müssen Sie rechtzeitig reagieren, um beherzt wirksame Gegenmaßnahmen zu treffen. Schlagen Sie Sicherungshaken ein, sobald Sie merken, dass Sie auf unsicherem Terrain sind. Nicht erst, wenn Sie bereits im Rutschen sind. Dann ist es zu spät. Herr Messner wäre da sicher meiner Meinung.
Was heißt das? Warten Sie zum Beispiel nicht, bis alles Geschirr zerschlagen ist oder Sie oder Ihr Partner oder beide schon eine Affäre haben. Gehen Sie zum Paartherapeuten, solange Sie noch ein Paar sind, nicht erst, wenn Sie keins mehr sind.
Oder: Sprechen Sie mit Ihrem Chef, wenn Sie merken, dass Sie wie eine Kerze sind, die an beiden Enden brennt, weil das Arbeitspensum zu hoch und Ihre Motivation zu niedrig ist – und nicht erst dann, wenn für jeden offensichtlich ist, dass Sie ausgebrannt sind oder gar das Projekt vor die Wand gefahren haben.
Oder: Verkaufen Sie Ihr zu teures Auto oder beenden Sie einen ungünstig hohen Leasingvertrag, bevor Sie sich Raten stunden lassen oder bei der Bank zu Kreuze kriechen müssen.

Bleiben Sie Herr der Lage und behalten Sie das Heft in der Hand. Sie lösen damit nicht nur Ihre Probleme und verschaffen sich Luft, sondern Sie generieren aus diesem souveränen Umgang mit der Krise auch Selbstvertrauen. Ein unschätzbares Gut, gerade wenn Sie unwegsames Gelände vor sich haben.

Das Scheitern und der Weg danach sind enorm kraftraubend. Sie werden das auch körperlich spüren. Sie werden Ihre Situation so schwernehmen, dass Sie tagelang nicht aus dem Bett kommen oder Ihre Zeit mit Daddeln auf dem Computer oder vor der Glotze verbringen. Ich nenne das „Bademantel-Depression" (vgl. Kapitel 4.1). Lassen Sie diese gar nicht erst zu. Tun Sie, was für Ihr Selbstvertrauen gut ist: Managen Sie jetzt Ihr größtes Projekt – den Weg aus der Krise. Das Selbstvertrauen, das dadurch entsteht, ist ein Gefühl, das Ihnen kein anderer geben kann.

Machen Sie einen Punkt hinter das Geschehene, aber nicht, um es zu vergessen, sondern um zu akzeptieren, wer Sie sind und wo Sie stehen. Denn dies ist der Ausgangspunkt für Ihren Neustart. Warten Sie nicht auf einen Startschuss, sondern legen Sie selbst los. Beginnen Sie mit der Analyse und der Chancenabwägung für Ihren neuen Weg, treffen Sie die notwendigen Entscheidungen und kommen Sie ins Tun.

5.2 Ziel neu fixieren

Wir kommen auf diese Welt mit einer Fülle an Möglich-keiten. Wenige haben nur ein Talent, nur einen Traum, nur einen Antrieb. Relativ schnell aber fällt die Entscheidung, was wir werden wollen oder sollen. Die anderen Potenziale verkümmern im Keim. Sind wir gescheitert, d. h. mit der einen Option, die ursprünglich favorisiert wurde, gescheitert, kommen andere Entwürfe wieder ins Spiel.

Nur eine Option weniger
In der Krise kommt es darauf an, ob diese Keime noch Leben in sich haben und unter ein wenig Hege und Pflege sprießen könnten. Wenn das der Fall ist, ist das Scheitern verkraftbar. Dann bedeutet es bloß eine Option weniger.

Mithilfe der zuvor beschriebenen Methode des Helikopterblicks (Abschnitt 4.4) und der Scheiter-Map (Abschnitt 4.5) können diese alternativen Entwürfe skizziert werden und anhand dessen, was Sie im Scheitern über sich gelernt haben, auf ihre Tragfähigkeit überprüft werden:

- Welche Route könnte Sie weiterbringen?
- Was brauchen Sie dafür?
- Können und wollen Sie das aufbringen?
- Mit wem können Sie das schaffen?
- Mit wem nicht?

Diese Arbeit ist enorm anstrengend, denn sie fordert Herz, Hirn und Hand gleichermaßen. Sie brauchen dazu Verstand und Fantasie, Mut und Ehrlichkeit gegenüber sich selbst und anderen Menschen, Tatkraft und Ausdauer.

Übrigens: *Je detailreicher Sie das Bild von Ihrem neuen Ziel gestalten, desto besser.* Je farbiger es ist, desto mehr Anziehungskraft hat es schließlich auf Sie. Je erstrebenswerter es scheint, desto mehr Lust haben Sie, sich sofort daranzumachen, es zu erreichen.

Schnell Land gewinnen

Es gibt jede Menge zu tun in der Krise. In der Rückschau werden Sie mit ziemlicher Sicherheit feststellen, dass Sie noch nie in Ihrem Leben so viel gearbeitet haben wie damals, als es vermeintlich zu Ende war.

Das liegt auch daran, dass Sie Neuland betreten werden. Sogenannte mäandernde Lebensläufe mit Brüchen, Auszeiten oder Lücken werden oft belächelt. Sie sind nicht stromlinienförmig, konsequent oder nachvollziehbar. Man muss schon an ein besonders aufgeschlossenes und abgeklärtes Exemplar Mensch geraten, damit diese Schlangenwege als das erkannt werden, was sie sind: Ausdruck eines gelebten Lebens, eines tüchtig gelebten Lebens, denn sie beweisen die Flexibilität, Selbstbehauptungskraft und Integrität der Persönlichkeit, die diesen Weg gegangen ist. Sollten Sie an ein solch seltenes Exemplar geraten, könnte das eventuell Ihr Copilot sein (Abschnitt 4.3).

Auf Neuland traut Ihnen zunächst keiner etwas zu, nicht zuletzt Sie selbst nicht. Daher ist es wichtig, schnell ins Tun zu kommen. Sie müssen die ersten Meilensteine hinter sich bringen und kleine Etappensiege auf dem neuen Weg einheimsen.

Nutzen Sie die natürliche Dynamik, die in Neuanfängen steckt. Sie haben ein neues Ziel und brennen darauf, es anzugehen. Warum warten? Wenn es Dinge gibt, bei denen Sie vom Tun oder den Entscheidungen anderer Leute abhängen, machen Sie in der Wartezeit etwas anderes, aber etwas, das zur Zielerreichung beiträgt.

Belohnen Sie sich für jede zurückgelegte Strecke!
Verschaffen Sie sich dabei ganz bewusst eine Auszeit, um auf andere Gedanken zu kommen. Machen Sie mal etwas ganz Neues, woran Sie nie zuvor gedacht haben. Es ist wichtig, dass Ihr Neustart keine zerknirschte Selbstkasteiung wird, kein Gang nach Canossa, sondern ein hoffnungsvoller Treck, eine spannende Forschungsmission oder sogar ein strahlender Triumphzug.

30

Wir haben nicht nur das eine Talent, den einen Traum, das eine Ziel, sondern stets mehrere. Das eine Ziel, an dem Sie gescheitert sind, ist bloß eine Option unter vielen. Setzen Sie sich ein neues Ziel, malen Sie sich aus, wie Sie dahingelangen können, in allen Details, und nutzen Sie die Dynamik des Neuanfangs zum Aufbruch.

5.3 Fail-forward-Strategie

All Ihr Scheitern wäre vergebens, würden Sie sich nicht daran erinnern, was ursprünglich mit dem Scheitern einhergeht: lernen. Das heißt, in der intellektuellen Verarbeitung Ihres Scheiterns dürfen Sie quasi kindlich vorgehen:

Hingefallen? Wieder aufstehen und es anders versuchen! Wieder nichts? War der Versuch besser oder schlechter? Überlegen. Dann wieder versuchen!

Besser, nicht vorsichtiger

Es geht um konsequente Lernprozesse. Es geht um Lernprozesse, die Sie tatsächlich besser machen, nicht bloß vorsichtiger ... oder ängstlicher (wie es bei uns großen Leuten meist der Fall ist).

Konsequent heißt in dem Fall auch bewusst und regelmäßig. Üblicherweise vermeiden wir die Auseinandersetzung mit unserem Versagen nur allzu gern und verdrängen es. Ein kleines Kind lernt das Laufen nicht bewusst und erkenntnisgeleitet, sondern erlebnisgeleitet. Das ist der Unterschied zu den Lernprozessen bei uns Erwachsenen. Wir müssen uns deshalb dazu zwingen, uns unseren Niederlagen zu stellen, sogar systematisch. Das ist die Grundvoraussetzung für die Fail-forward-Strategie.

Vorwärts scheitern?

Scheitere vorwärts, immer voran? Klingt komisch, nicht wahr? Das ist der Grund, warum ich den englischen

Begriff „fail forward" vorziehe, abgesehen von der schönen Lautgleichheit am Anfang der Wörter. Man könnte es übersetzen mit „besser scheitern", allerdings fehlt mir dabei der strategische, bewusst wollende Impetus. Besser scheitern klingt mir zu zufällig, zu sehr nach ersten Versuchen auf Rollschuhen oder Surfbrett. Und was ist schon besser, wenn das Leben einem Zitronen schickt, um auf den Anfang dieses Buches zurückzukommen? Ist Limonade besser? Nun, sie ist wenigstens schmackhafter, denn sie ist süßer. Also haben Sie Ihren Verstand und Ihre Kreativität eingesetzt, um etwas zu schaffen, was Ihnen mehr zusagt. Sie haben das Scheitern genutzt, um voranzukommen, um für sich selbst etwas herauszuschlagen. Vorwärts oder voran scheitern bedeutet, auf eine Niederlage zwar zu reagieren, aber dabei einen Vorteil anzustreben.

Scheitern als Muss für Vollständigkeit

Außerdem muss man wohl oder übel dem Umstand Rechnung tragen, dass die coole Attitüde gegenüber dem Scheitern heute vor allem eine ist, die im englischsprachigen Raum anzutreffen ist, vor allem in den USA, und da insbesondere unter den Entrepreneuren im kalifornischen Silicon Valley. Wer die Fail-forward-Strategie verstehen und sozusagen am lebenden Objekt studieren möchte, ist dort richtig. Dazu schreibt Damian Izdebski, der in Österreich mit einem anfänglich enorm erfolgreichen Unternehmen letztlich krachend gescheitert war und in Kalifornien, wo er daraufhin – man höre und staune! – zu einer Vortragsreihe eingeladen war, dies zu hören bekam: „[...] die größten Chancen auf Kapital von Investoren haben Unternehmer, die sowohl Erfolge als auch Pleiten in ihrer Laufbahn erlebt haben. Einer [...] sagte mir, jetzt wäre ich erst als Unternehmer ‚vollständig'." (Izdebski, Meine besten Fehler, S. 58.) Scheitern als Voraussetzung für Vollständigkeit, das klingt unglaublich. Auch der eben Zitierte dachte dann bei sich: „Na ja, als ‚unvollständiger Unternehmer' ist es mir besser gegangen." (ebd., S. 59) Das glaube ich ihm unbesehen.

Das Problem liegt in der mangelnden Fehlertoleranz, die uns anerzogen ist. Dadurch sind wir intolerant gegenüber unseren eigenen Fehlern und denen anderer Menschen. Wer die Fail-forward-Strategie verfolgen möchte, muss damit zuallererst Schluss machen.

Fehlertoleranz im Kleinen wie im Großen

Am besten fängt man damit im Kleinen an. Das Zauberwort heißt Achtsamkeit. Viele benutzen es als Synonym für Aufmerksamkeit, aber das ist nicht ganz korrekt. Achtsam zu sein bedeutet, jeden Moment so zu leben, als wäre er der einzige Moment – oder der letzte. Achtsamkeit kennt keine Routinen, Reflexe, Vorurteile und eigentlich auch nur wenige Emotionen, außer einer generellen Freundlichkeit gegenüber allem und jeden. Achtsamkeit ist höchste Konzentration auf das Leben bei gleichzeitig maximaler Gelassenheit gegenüber seinen Überraschungen.

Hören Sie auf, sich über Kleinigkeiten zu ärgern. Beschimpfen Sie beispielsweise nicht den Autofahrer vor Ihnen, der die grüne Ampel nicht sieht. Hupen Sie nicht laut, sondern nur kurz freundlich, quasi als Anstupser unter Kollegen im Straßenverkehr. Wenn der andere Fahrer ein ebenso kluger Fehlertoleranter ist wie Sie, bedankt er sich vielleicht sogar. Sie könnten noch lässig zurückwinken. Das fühlt sich richtig gut an, glauben Sie mir.

Noch ein Beispiel: Lassen Sie sich nicht von einem an der Netzkante hängen gebliebenen Volley aus der Fassung bringen, eventuell sogar so sehr, dass Ihnen gleich der nächste Schlag auch noch misslingt. Schütteln Sie nur den Kopf über sich, denken Sie darüber nach, was Sie falsch gemacht haben, üben Sie den Schlag ein oder zwei Mal trocken und nehmen Sie dann das Spiel wieder auf. Ich halte jede Wette, jetzt klappt es. Oder eben beim nächsten Mal.

Bleiben Fehler hartnäckig, hilft eventuell eine Visualisierung oder Verschriftlichung. Wenn Sie ein Mensch sind, der in Bildern denkt oder anschauliche Beispiele braucht, um etwas zu verstehen, malen Sie sich eine kleine Skizze. Sind Sie eher der verbale Typ, schreiben Sie auf, worin der Fehler besteht, eventuell in einem witzigen Bonmot oder Reim. Bringen Sie diese Notiz an Stellen an, wo Sie sie häufig sehen oder immer in Momenten, in denen Sie sich unbedingt daran erinnern sollten.

Wenn Sie den Fehler bewältigt haben, kann das Zettelchen verschwinden. Aber nicht wegwerfen! Schaffen

Sie sich einen dieser altmodischen Zettelkästen an. Schleicht sich der Fehler wieder ein, kommt der Zettel wieder zum Einsatz.

An der Fehlertoleranz im Kleinen üben Sie, wie es geht. Dann sind Sie bald fit für die Fehlertoleranz im Großen. Dabei gehen Sie genauso vor: Visualisieren oder verschriftlichen Sie die Fehler, die zum Scheitern geführt haben. Überprüfen Sie sie regelmäßig. Wenn Sie feststellen, dass Sie einen Fehler im Griff haben, kann die Notiz einstweilen ganz hinten in Ihrem Zettelkasten verschwinden. Erwischen Sie sich wieder bei demselben Fehler, kommt sie wieder hervor.

Was sind Ihre liebsten Fehler?
Sie können sich auch ein wenig selbst auf den Arm nehmen und eine Liste Ihrer „liebsten" Fehler aufstellen, Ihre „Fehlerfavoriten". Das wäre das Gegenstück zur Liste Ihrer Talente (vgl. Abschnitt 3.3).

Was bringt das alles? Sie lernen, wie oft Sie Fehler machen. Sie lernen, dass Sie sogar öfter Fehler machen, als alles richtig zu machen. Sie lernen, dass man dies ändern kann. Aber nicht mit Wut, Druck oder Selbstbetrug, sondern mit intellektueller Verarbeitung, Geduld und Demut.

Wenn Sie das verinnerlicht haben, können Sie diese Fehlertoleranz sogar andere Menschen lehren. Entweder aus Altruismus, weil Sie einfach ein netter Typ sind, oder weil Sie stolz sind auf Ihr persönliches Wachstum und Ihre charakterliche Größe zeigen wollen. Oder beides. Egal wie, nur zu!

Bringt es mich voran?

Fail-forward-Strategie, Fehlertoleranz, Fehlerfavoriten: All die Wortakrobatik hat den einen Sinn, zu unterstreichen, dass es um einen intellektuellen, verstandesgeleiteten Prozess geht, wenn wir mit unserem Scheitern umgehen wollen. Ihr Kopf muss über Ihr Herz herrschen und erst recht über Ihren Bauch. Rationalität schlägt Emotionalität. Sie müssen rauskommen, sich anderen gegenüber öffnen. Offenheit schlägt Einsamkeit (vgl. Abschnitt 3.1).

Ihre Frage muss lauten: „Wie bringt es mich voran?" Und zwar nicht bloß zufällig, sondern weil Sie aus den vorangegangenen Fehlern gelernt haben. Das ist das Prinzip von „fail forward". Es geht nicht nur darum, besser zu scheitern, sondern gescheit zu scheitern.

Fail forward und fast forward

Dann ist da noch die schöne Ähnlichkeit zwischen fail forward und fast forward: Kennen Sie sie noch, die FF-Taste an allerlei Abspielgeräten, z. B. am guten alten Kassettenrekorder aus Kindertagen? Sie hat sich mehr oder weniger in dieser Form gehalten bis zu den heutigen MP3-Playern.

Fail forward kann auch fast forward geschehen: ein Schnellvorlauf, der auslässt, was nicht hilfreich, nicht relevant oder schlicht lästig ist.

Denn es gibt Fehler und Fehler. Es gibt Fehler, die geschehen aus mangelnder Konzentration, mangelnder Motivation oder schlicht Überheblichkeit. Im Sport nennt man solche Fehler „leichte Fehler"; nicht weil sie weniger schädlich, sondern weil sie leicht zu vermeiden sind. Sie sind peinlich, weil fahrlässig, und gehören unbedingt abgestellt. Fehlertoleranz ist auch hier geboten, aber nur einmal – im Sinne von „Fehler abstellen, vergeben und vergessen". Diese Fehler lässt man zukünftig aus, denn sie bringen niemanden voran. Statt fail forward heißt es hier fast forward.

Fehlerkultur

Und dann gibt es Fehler, die aus anderen Gründen passieren: Fehler aus Unerfahrenheit, aus Arglosigkeit, aus Emotionalität, aus zu hohem Druck, Arbeits- oder Erwartungsdruck oder schlicht aus Mangel an Informationen oder Kenntnissen. Diese Fehler sind zunächst zwar ebenso schädlich, schmerzlich und peinlich wie die sogenannten leichten Fehler, aber sie erfüllen eine Funktion: Sie lehren uns, was nicht geht, aber sie zeigen auch, was gehen könnte und wie.

Solche Fehler vergibt man, aber man vergisst sie niemals. Denn sie sind hilfreiche Leitplanken und Leuchtfeuer auf unserem Weg voran. Das ist mehr als Fehlertoleranz. Es ist Fehlerkultur.

Auf dieser Fehlerkultur baut die gesamte Wissenschaftslandschaft auf. Dort heißt sie Trial and Error, Versuch und Irrtum.

Auf dieser Fehlerkultur baut die gesamte Kunstszene auf: „Ever tried. Ever failed. No matter. ... Try again. Fail again. Fail better." Immer versucht. Immer gescheitert. Egal. ... Wieder versuchen. Wieder scheitern. Besser scheitern. Ganz offensichtlich hat er es beherrscht, das besser Scheitern, der Nobelpreisträger Samuel Beckett. Auf dieser Fehlerkultur bauen schließlich auch die erfolgreichsten Unternehmen der Welt auf. 3M, der US-amerikanische Multikonzern und nicht zufällig einer der beliebtesten Arbeitgeber auf der ganzen Welt, hat gar ein ganzes Manifest zur Fehlerkultur. Warum nicht auch wir? Warum nicht Sie?

Resilienz als intellektuelle Technik

Warum gibt es keine Fehlerkultur für das Scheitern im Individuellen? Ich stelle die These auf: Weil wir unserem Scheitern nicht mit dem Verstand begegnen, sondern nur mit Gefühlen, und zwar leider ausschließlich dunklen, negativen. Natürlich ist es menschlich, Emotionen zu haben. Ich will sie daher weder kleinreden noch gänzlich abgeschaltet wissen in der Auseinandersetzung mit unserem Scheitern.

Aber ich möchte dem Diskurs über das Ob und Wie der Resilienz, also der mentalen Widerstandsfähigkeit, einen neuen Beitrag hinzufügen.

Stehaufmännchen und Stehaufmädchen sind nicht nur deshalb so überlebensfähig, weil sie von Haus aus emotional ausgeglichen und seelisch gefestigt sind durch affirmativen Zuspruch, persönliche Bindungen und ein nicht zu erschütterndes Grundvertrauen in ein im Großen und Ganzen sicheres und gerechtes Dasein. Mental widerstandsfähige Menschen sind vor allem zu einem fähig: zur verstandesgeleiteten Bewältigung und intellektuellen Durchdringung der schwierigsten und emotional aufrührendsten Situationen.

Resilienz ist kein seelisches Phänomen, sondern eine intellektuelle Technik. Insofern würde ich weder denjenigen zustimmen, die meinen, sie sei quasi wie ein Talent in die Wiege gelegt, noch denen, die behaupten, sie sei irgendwie erlernbar. Resilienz ist sicherlich herstellbar. Aber: Sie muss immer wieder aufs Neue generiert werden, in jeder neuen Krise, durch verstandesgeleitetes und systematisches Tun. Resilienz entwickelt man durch den unbedingten Willen, diese Niederlage zu überleben. Die Methode ist eine der Selbstbehauptung, der Selbstermächtigung gegenüber der kulturell bedingten Tabuisierung des Scheiterns und der Stigmatisierung der Gescheiterten. Das Handwerkszeug dazu kann Ihnen hoffentlich dieses kleine Buch liefern.

Scheitern heißt lernen und im Falle der Fail-forward-Strategie konsequent lernen, also bewusst und systematisch. Zielsetzung der Strategie ist es, auf das Scheitern zu reagieren, aber mit dem Vorsatz, einen Vorteil daraus zu gewinnen. Die Voraussetzung dafür ist Fehlertoleranz, hinzu kommt eine Fehlerkultur, das heißt, Fehler, die eine Funktion für das Vorankommen erfüllen, werden in Kauf genommen.

5.4 Neustart

Warum ein Kapitel, tatsächlich sogar das letzte und damit nicht das unwichtigste, über so etwas relativ Triviales und Selbstverständliches wie den Neustart? Ganz einfach: Der Neustart nach einem Scheitern ist nicht trivial und selbstverständlich.

Wenn es Menschen gelingt, eine Krise zu überstehen, so zieht es sie instinktiv zu einem „Weiter so". Man geht zurück zur Tagesordnung, tut so, als sei nichts gewesen. Man meint, dass man irgendwie doch Glück gehabt hat, trotz allem. Man setzt sein Leben einfach fort. Nichts ist falscher als das.

Ein Scheitern, das den Namen verdient, ist ein Bruch, den man nicht heilen kann, eine Zäsur, die sich nicht kitten lässt. Scheitern ist ein Ende, das keine Fortsetzung verspricht. Es erfordert einen Neustart.

Das Leben davor und danach

Gewöhnen Sie sich daran, Ihr Leben in die Zeit davor und danach einzuteilen. Je nachdem, wie oft Sie gescheitert sind, werden sich bestimmte Epochen voneinander abgrenzen lassen. Das sind Phasen in Ihrem Leben, die jeweils durch Erlebnisse geprägt sind, die Sie als einen veränderten Menschen zurückgelassen haben. Es gibt keinen vernünftigen Grund, dies zu leugnen. Es gibt erst recht keinen, sich dafür zu schämen. Ein Neustart bedeutet, mit der Vergangenheit abzuschließen, sie ruhen zu lassen. Es führt kein Weg dahin zurück. Also können Sie die Verbindungen kappen. Der Blick geht nach vorn. Alle Konzentration auf das Neue. Alle Kraft für das Leben, das noch vor Ihnen liegt.

Das Leben hat Ihnen Zitronen gegeben. Sie haben Limonade daraus gepresst. Sie haben sich der Situation gestellt und etwas daraus gemacht, nicht irgendetwas, sondern etwas, das Sie weiterbringt. Limonade schmeckt süßer, hält sich länger, lässt sich besser lagern und sogar weiterverkaufen. Sie haben das Produkt Zitrone veredelt. Und da dies eine Metapher ist: Sie haben Ihr Leben veredelt. Warum sollte man das verschweigen? Warum wollen Sie plötzlich kein Limonadenfabrikant mehr sein, wenn es wieder süße Äpfel gibt? Die Brüche und Zäsuren in Ihrem Leben sind keine hässlichen Kratzer in einer sonst perfekten Marmorplatte. Die Brüche und Zäsuren sind Strukturen und Muster, ein Relief, das die einzigartige und spannende Geschichte Ihres Lebens erzählt.

Vertrauen Sie den Menschen, die sich schon einmal damit befasst haben, ihre Memoiren zu schreiben. Sie alle berichten dasselbe: Es ist ziemlich schwer, sich an die glücklichen Zeiten zu erinnern. Was bleibt, sind die Erinnerungen an die schwierigen Phasen. So geht es zum Beispiel Konstantin Wecker, der auch schon zu Beginn dieses Buches zu Wort kam. Er stellt fest, dass ihm Niederlagen am besten erinnerlich sind.

Biografien sind nicht stromlinienförmig

Ein guter Freund von Konstantin Wecker war Dieter Hildebrandt. Als er ihm berichtete, er wolle ein Buch namens *Die Kunst des Scheiterns* schreiben, äußerte Hildebrandt die Befürchtung, Wecker werde darin etwas beichten, was er lieber für sich behielte. Wecker verneinte: *„Ich habe nichts zu beichten, was man nicht schon irgendwo gelesen hätte.' ‚Aber warum schreibst du dann über deine Niederlagen?' ‚Weil sie mich weitergebracht haben, weit mehr als alles, was mir geglückt ist!' ‚Also schreibst du doch ein Buch über deine Erfolge!"'* (Wecker, Die Kunst des Scheiterns, S. 13)

Dieter Hildebrandt konnte eben keiner etwas vormachen, auch kein Konstantin Wecker.

Aber Wecker hatte einen sehr guten Grund dafür, es für gefährlich zu halten, *„dass das Scheitern derart ausgeklammert wird aus der Biographie des modernen Menschen, als wäre es anstößig und unmoralisch, als ginge es immer darum, zu den Gewinnern zu gehören ... Wir verlieren dadurch den selbstverständlichen Umgang mit unserer eigenen Geschichte und verschenken die Chance, wirklich erwachsen zu werden."* (ebd.)

In meinem Worten: Wir verschenken die Chance auf persönliches Wachstum und bringen uns zudem um das Abenteuer, uns selbst kennenzulernen.

Biografien sind niemals stromlinienförmig. Der Mensch ist nicht wie ein Fels, den Wind und Wasser abschleifen, bis er eine Form hat, die ihre Bewegung abbilden, aber nicht seine. Der Mensch ist wie ein Wasserlauf, der sich seinen Weg sucht, mal stürmisch fällt und rauscht, mal im Boden verschwindet, mal große Schleifen um Berge zieht oder sich zu Seen aufstaut. All diese Flussabschnitte haben ihre Entstehungsgeschichte, all diese Flussabschnitte haben ihren Reiz.

Begrüßen und feiern Sie daher jeden Neustart laut und ausgelassen mit allen daran Beteiligten! Er ist nichts weniger als ein neues Bild im Relief Ihrer Lebensgeschichte – und noch dazu eines, das Sie selbst noch nicht kennen. Ist das nicht spannend?

Persönliches Wachstum meint Wachsen der Persönlichkeit, nicht Wachsen der Person. Scheitern kann zu diesem Wachstum beitragen. Dazu müssen wir uns selbst akzeptieren und ins Tun kommen. Es gilt zu verstehen, dass wir zwar eine Option verloren haben, uns aber nach wie vor viele andere Möglichkeiten offenstehen – wir können uns ein neues Ziel wählen und aus unseren Fehlern lernen.

Der Neustart nach einem Scheitern ist nicht trivial oder selbstverständlich. Das Gros der Menschen tendiert dazu, zur Tagesordnung überzugehen, irgendwie das alte Leben wiederaufzunehmen. Das ist grundfalsch, denn es negiert, wie groß der Bruch war, und auch, dass diese Zäsur zur Biografie des Gescheiterten gehört. Ein Neustart bedeutet, mit der Vergangenheit abzuschließen, seine Biografie anzunehmen und persönlichem Wachstum die verdiente Chance zu geben.

30

Fast Reader

1. Zitronen!

Scheitern gehört zum Leben. Wenn wir lernen, forschen, kreativ sind oder Höchstleistungen anstreben, hat Scheitern Methode und ist Treiber von Erkenntnisprozessen und Fortschritten. Dennoch ist es in unserer Gesellschaft ein Tabuthema. Mit dem Eintritt ins Schulalter lernen wir den separierenden und diskriminierenden Charakter des Scheiterns kennen. Die Konsequenz: Wir verlernen, aus dem Scheitern zu lernen, und suchen, es unbedingt zu vermeiden. Die einzig erlaubte Entwicklung ist die Erfolgsgeschichte. Die Intoleranz gegenüber Fehlern kann auf Dauer sogar pathologische Formen annehmen.
Dabei ist es so: Erfolg ist schlicht Glückssache. Glück ist wunderbar, aber es hat den Fehler, dass man nicht sagen kann, warum es sich eingestellt hat. Scheitern hingegen kann man analysieren und Schlüsse für die Zukunft daraus ziehen.

Die Stehaufmännchen-Mentalität gibt dem Schei-
tern Sinn:

- *Sie erkennt in Niederlagen eine Quelle für per-*
  sönliches Wachstum.
- *Sie sieht Scheitern als Chance, die Lebenstüch-*
  tigkeit zu trainieren.
- *Sie lässt auf Dauer ein realistisches und gesun-*
  des Selbstbild entstehen.

2. Beautiful Losers

Beweise für die Schönheit des Scheiterns gibt es
in Hülle und Fülle, und zwar ausgerechnet in der
Welt derer, die wir für unfehlbar halten. Berühmte
Wissenschaftler, geniale Künstler und Superstars
sind verblüffenderweise durch die Bank Beautiful
Losers – und machen auch kaum den Versuch,
dies zu verbergen!
Etymologisch kommt das Wort „scheitern" übri-
gens von „Scheiter", Holzstück. Wenn z. B. ein
Schiff havariert, geht es zu Scheiter, es zerbricht in
Stücke. Das ist schlimm, aber eben Schicksal. Erst
der Übergang vom zirkulären zum linearen Welt-
bild in der Neuzeit gibt dem Scheitern den Ruch
des persönlichen Versagens, der individuellen
Schuld. Scheitern wird verächtlich.

30 *Scheitern ist so sicher wie das Amen in der Kirche. Dennoch fürchten wir es. Folgendes sollten Sie sich vor Augen führen:*

- *Letztlich ist die Angst vor dem Scheitern nichts anderes als die Angst vor dem Tod.*
- *Im Gegensatz zu bloßen Missgeschicken schließt sich im Scheitern unabänderlich eine Tür. Eine Chance ist vorbei, das ideale Leben zu leben, von dem man geträumt hat.*
- *Je älter wir werden, umso schmerzhafter spüren wir diesen Verlust an Optionen.*

3. Wenn unsere Welt zerbricht

Scheitern verändert uns in zweierlei Hinsicht: Es macht uns emotional und einsam. Die Emotionalität rührt vor allem vom Gefühl des Kontrollverlustes her, etwas, das wir in unserem modernen Dasein kaum noch kennen. Die Einsamkeit kommt von der Zumutung, die wir für unsere Umwelt sind, die nur Erfolgsstorys hören und an unserem Scheitern nicht mitleiden will. Sie kommt zudem von unserem Gefühl der Scham.

Die drei Phasen des Scheiterns sind Ablehnung, Verzweiflung und Akzeptanz. Sie werden nicht immer so idealtypisch aufeinanderfolgen, oft gibt es ein Hin und Her, ein Vor und Zurück, besonders zwischen Phase 2 und 3, aber im Grundsatz sind diese drei Stadien zu unterscheiden.

Das Notfallprogramm für die Krise besteht aus fünf Sätzen:
1. **Setzen Sie einen Punkt hinter das Geschehene!**
2. **Suchen Sie sich einen Copiloten!**
3. **Denken Sie positiv!**
4. **Üben Sie den Helikopterblick!**
5. **Belohnen Sie sich!**

30

4.   Wenn nichts mehr geht

Auch und gerade in der Krise müssen Sie aktiv bleiben, Entscheidungen treffen, Schritte in die Wege leiten. Bleiben Sie das Subjekt des Geschehens – um Ihres Selbstwertgefühls willen, aber auch, um Ihrem Umfeld die Chance zu geben, wirkliche und richtige Hilfen anzubieten statt Mitleid und Placebos.

Voraussetzung für den Schritt aus der Krise ist die radikale Akzeptanz des Geschehenen und seiner Folgen, sowohl für Ihr Bild von sich selbst als auch für Ihre Optionen in der Zukunft.

Suchen Sie sich einen Copiloten. Das sollte eine einfühlsame, aber unbestechliche Person sein, die nicht von Ihrem Scheitern betroffen ist, aber ähnliche Situationen kennt oder selbst erlebt hat.

Diese Rolle verlangt ein hohes Maß an Vertrauen und Verantwortungsbewusstsein.

Um bei dem Bild zu bleiben: Setzen Sie sich mental in den Helikopter, mit Ihrem Copiloten versteht sich, und schauen Sie aus luftiger Höhe auf Ihr Dasein hinab. Beschreiben Sie sachlich und so distanziert wie möglich, was Sie sehen. So werden Sie erkennen, was zu Ihrem Scheitern geführt hat und welche Wege in die Zukunft führen. Daraus sollten viele Karten Ihrer Lebenslandschaft und letztlich eine Scheiter-Map entstehen.

Wenn nichts mehr geht, sollten Sie das Notfallprogramm anwenden und Folgendes beachten:
- **Hilfe suchen ist richtig, aber es sollte mit Bedacht und zielgerichtet geschehen.**
- **Üben Sie die radikale Akzeptanz nicht nur für sich selbst, sondern outen Sie sich, sprechen oder schreiben Sie über Ihr Scheitern.**
- **Beim Anwenden des Helikopterblicks und beim Erstellen Ihrer Scheiter-Map gilt: Regelmäßige Überprüfung dient der Genauigkeit.**

5. Persönliches Wachstum

Nichts ist eindimensional, auch nicht wir Menschen. Das heißt, es gibt nicht nur das eine Talent, den einen Traum, das eine Ziel. Wir haben stets _mehr als eine Option._ Setzen Sie sich ein neues Ziel, malen Sie sich aus, wie Sie dahingelangen können, und nutzen Sie die Dynamik des Neuanfangs. Warten Sie nicht auf einen Startschuss, sondern legen Sie los. Beginnen Sie mit der Analyse für Ihren neuen Weg, treffen Sie die notwendigen Entscheidungen und kommen Sie ins Tun.

Scheitern heißt lernen und im Falle der Fail-forward-Strategie konsequent lernen, also bewusst und systematisch. Zielsetzung der Strategie ist es, auf das Scheitern zu reagieren, aber mit dem Vorsatz, einen Vorteil daraus zu gewinnen. Die Voraussetzung dafür ist Fehlertoleranz sowie eine Fehlerkultur, in der Fehler, die eine Funktion für das Vorankommen erfüllen, in Kauf genommen werden.

Der Neustart nach einem Scheitern ist nicht trivial oder selbstverständlich.

- **Gehen Sie nicht einfach zur Tagesordnung über, denn das negiert, wie groß der Bruch war.**
- **Das Scheitern ist eine Zäsur in der Biografie.**
- **Ein Neustart bedeutet, mit der Vergangenheit abzuschließen, seine Biografie anzunehmen und persönlichem Wachstum eine Chance zu geben.**

Der Autor

Scheitern und Erfolge, Rückschläge und Fortschritte machten den Autor zum authentischen Experten für persönliches Wachstum. Felix Maria Arnet (48) ist Executive Coach und Speaker in Wiesbaden. Sein fachliches Können hat er durch Coaching-Ausbildungen auf höchstem Niveau und acht Jahre Praxis als Führungskräfte-Coach und Speaker erlangt. Der Berater bietet Erfahrung auf Augenhöhe: 18 Jahre lang war Arnet Chef von 40 Mitarbeitern. Seit rund 25 Jahren berät er börsennotierte Unternehmen und Mittelstand. Seine Kompetenz ist gewachsen aus gelebtem Mut zum Risiko, grandiosem Scheitern und großen Erfolgen.

Kontakt:
LATTAL Enterprise Unternehmensberatung GmbH
Stadtvilla Oranien
Rheinstraße 60
65185 Wiesbaden
Tel.: (06 11) 97 14 49 82
E-Mail: arnet@lattal.de
www.felix-maria-arnet.com

Weiterführende Literatur

- Izdebski, Damian: Meine besten Fehler. #startup-again, Bad Traunstein (Stein) 2015.

- Kirchner, Steffen: Tot motiviert? Das Ende der Motivationslügen und was Menschen wirklich antreibt, Offenbach (GABAL) 2015.

- Kolbusa, Matthias: Gegen den Schwarm. Aus eigener Kraft erfolgreich werden, München (Ariston) 2014.

- Pieper, Georg: Überleben oder Scheitern. Die Kunst, in Krisen zu bestehen und daran zu wachsen, München (Knaus) 2012.

- Sennett, Richard: Der flexible Mensch. Die Kultur des neuen Kapitalismus, Berlin (Berlin) 1998.

- SPIEGEL Wissen: Richtig scheitern. Wie Niederlagen zum Erfolg führen können, 1/2015.

- Tarr, Irmtraud: Das Donald Duck Prinzip. Scheitern als Chance für ein neues Leben, Gütersloh (Gütersloher Verlagshaus) 2006.

- Wecker, Konstantin: Die Kunst des Scheiterns. Tausend unmögliche Wege, das Glück zu finden, München (Piper) 2007.

Register